Regula Renschler u. a.
WARE **Liebe**

ZH
SWITZERLAND

Regula Renschler u. a.

WARE **Liebe**

Sextourismus · Prostitution · Frauenhandel

Mit Beiträgen von
Lea Ackermann, Jo Gabriel-Luzon,
Georg Friedrich Pfäfflin,
Regula Renschler, Annemarie Schmitz

Karikaturen von Claudius Ceccon,
Christoph Gloor

Peter Hammer Verlag

CIP-Kurztitelaufnahme der Deutschen Bibliothek

Ware Liebe: Sextourismus, Prostitution, Frauenhandel / Regula Renschler u. a. Mit Beitr. von Lea Ackermann... Karikaturen von Claudius Ceccon; Christoph Gloor. – Wuppertal: Hammer, 1987.
(Peter-Hammer-Taschenbuch; 45)
ISBN 3-872-94-345-6
NE: Renschler, Regula [Hrsg.]; Ackermann, Lea [Mitverf.]; GT

Peter Hammer Taschenbuch 45

Redaktionsschluß 31. Juli 1987
Lektorat: Sabine Dörrich
Umschlaggestaltung: Magdalene Krumbeck
unter Verwendung eines Fotos von G. P. Reichelt
Gesamtherstellung: Plambeck & Co, Neuss

Inhalt

Teil I

Ein »ganz gewöhnliches Geschäft« und kein Thema der Entwicklungspolitik

Regula Renschler

TAXI

Eine Sendung des Westschweizer Fernsehens, in der eine junge Frau aus den Philippinen ihre Lebens- und Arbeitsbedingungen in einem Zürcher Nachtlokal schilderte, machte uns 1981 zum ersten Mal auf das Schicksal der Frauen aus der Dritten Welt in der hiesigen Unterhaltungsindustrie aufmerksam. (Ich arbeitete damals noch bei der *Erklärung von Bern*, einer entwicklungspolitischen Organisation, welche die Gründe für die Armut in der Dritten Welt in unserer eigenen Gesellschaft offenlegt und bei uns zu solidarischem Handeln auffordert). Die junge Frau schilderte in der Sendung, wie sie aus Manila nach Zürich gelockt worden war, wie sie einen ihr unverständlichen Vertrag unterschrieben hatte, wie Dinge von ihr verlangt wurden, die nie vereinbart waren, zum Beispiel Striptease und Champagner trinken. Sie sprach in bewegten Worten davon, daß sie sich krank fühle und sich nicht frei bewegen könne, daß sie sich ihrer Situation schäme.

Wir gingen der Sache von der *Erklärung von Bern* aus nach, klagten gegen den Besitzer der Bar, der Prozeß zog sich jahrelang hin, die Hintergründe konnten nie ganz geklärt werden. Durch das Echo in der Presse wurden uns bald von allen Seiten Berichte von Frauen aus Dritte-Welt-Ländern zugetragen, die in der Schweiz ein ähnliches Schicksal erlitten hatten. Unsere Kollegen in der Bundesrepublik Deutschland, mit denen wir bisher auf dem Gebiet des Dritte-Welt-Tourismus im Rahmen der entwicklungspolitischen Bildung zusammengearbeitet hatten – vor allem Georg Friedrich Pfäfflin vom *Zentrum für Entwicklungsbezogene Bildung* in Stuttgart – machten ähnliche Erfahrungen in ihrem Land. Ein Handel mit Frauen in und aus der Dritten Welt tat sich auf, der immer komplexer wurde und immer häßlicher, je mehr wir darüber zu erfahren suchten. Obwohl sich Unterdrückung und Ausbeutung von Frauen in der hiesigen Unterhaltungsindustrie und in der Heiratsvermittlung nicht auf Frauen aus der Dritten Welt beschränken, haben wir uns als entwicklungspolitische Organisation auf den Handel mit Frauen aus Asien, Lateinamerika und Afrika konzentriert.

Die Unkenntnis jener Frauen über die Arbeits- und Lebensbedingungen in Europa und ihre Hoffnung, hier Geld zu verdienen oder einen Ehemann zu finden, der für sie und für ihre Familie sorgt, nutzen Touristen, lokale und internationale Zwischenhändler, Zuhälter, Besitzer von Nachtlokalen und von Heiratsvermittlungsagenturen. Frauen, so ergaben die Recherchen, werden belogen, betrogen, hintergangen, verachtet, mißbraucht. Die Nutznießer dieser Geschäfte haben ihre Helfershelfer bei der Polizei und den Behörden, die beide Augen zudrücken, bei den Gerichten, die von den Hintergründen nichts wissen wollen, bei der Gesellschaft, die den Frauenhandel hinnimmt, augenzwinkernd oder mit der Achsel zuckend.

Die Recherchen hier und in der Dritten Welt gestalteten sich schwierig. Hilfreich waren die Berichte von vielen Frauen aus der Dritten Welt, die uns ihrer Geschichte erzählten, die Erfahrungen von Mitarbeiterinnen der verschiedenen Frauenhäuser in der Schweiz, von Journalistinnen und Journalisten, die anfingen zu recherchieren und in den Medien den Skandal der Zwangsprostitution und des Frauenhandels anprangerten. Hilfreich waren auch die Erfahrungen von Frauen wie Grisélidis Réal, die in Genf das Begegnungszentrum *ASPASIE* und das *Centre International de Documentation sur la Prostitution* gegründet hat und die Arbeit der Frauen, die in der Bundesrepublik Deutschland die *agisra* (»Arbeitsgemeinschaft gegen sexuelle und rassistische Ausbeutung«) wieder ins Leben riefen.

Der Frauenhandel ließ sich immer weniger als ein Problem nur des Nord-Süd-Konfliktes eingrenzen. Er erwies sich gleichzeitig als Phänomen des Kolonialismus, des Kapitalismus, des Rassismus, des Sexismus, der Macht der Männer über die Frauen, der Reichen über die Armen. Er ist eine Folge der Durchdringung der Dritten Welt mit unserer Marktwirtschaft: Frauen werden als eine Art „Kolonialware“ gehandelt, ein Konsumgut für Männer in reichen Ländern und für reiche Männer in armen Ländern. Der Frauenhandel führt in die Unterwelt des organisierten Verbrechens, er hat mit Drogen zu tun, mit Gewalt. Er ist verwickelt in die Geschäfte angesehener Mitglieder der Gesellschaft, hier und in der Dritten Welt.

Neben kleinen und großen Gangstern, die es in diesem Busineß natürlich auch gibt, unterhalten unzählige unauffällige, ganz »normale« Menschen verschiedener Schichten, Männer und Frauen, den Handel mit Frauen und Kindern und profitieren davon; die einen mehr, die anderen weniger, zu einem großen Teil, ohne sich strafbar zu machen. Frauenhandel ist also ein ganz gewöhnliches Geschäft ganz gewöhnlicher Menschen, vielleicht ist dies das besonders Erschreckende daran. Wer will, kann Sexreisen in die Dritte Welt anbieten; wer will, kann Frauen aus der Dritten Welt als Partnerinnen für hiesige Männer vermitteln; wer will, kann Frauen in der Dritten Welt mit einem Job in der Hauptstadt oder in Europa ködern. Die Frauen in der Dritten Welt wissen nicht, daß sie bei uns nur als Sexobjekte gefragt sind, daß sie keine »normale« Arbeit annehmen dürfen, daß als Ehefrauen an sie ganz bestimmte Erwartungen gestellt werden, die ihre Würde als Menschen und gleichwertige Partnerinnen verletzt. Der Frauenhandel in all seinen verschiedenen Aspekten ist nicht nur ein Geschäft, bei dem auf Kosten der Frauen viel Geld verdient wird, er verletzt die Menschenrechte und steht im Gegensatz zu den Idealen der Demokratie, auf die wir uns hierzulande sonst doch so viel einbilden.

Unsere Kolleginnen und Kollegen in der Dritten Welt hatten mit noch viel mehr Schwierigkeiten zu kämpfen. Das Aufdecken des Kinder- und Frauenhandels in Asien, in Afrika, in Lateinamerika kann gefährlich sein, die Nutznießer schrekken vor Mord und Totschlag nicht zurück. Trotzdem fingen Frauen und Männer in der Dritten Welt etwa zur gleichen Zeit allenthalben an, Daten und Fakten zusammenzutragen und ihn anzuprangern. Dies geschieht vor allem in Thailand und in den Philippinen, in Japan und Korea, in der Dominikanischen Republik, in Kenia und in Westafrika. Frauen wie die Nonne Sister Soledad de Perpiñan vom *Third World Movement against the Exploitation of Women* und die Frauen der Bürgerrechtsorganisation *GABRIELA* in den Philippinen, die Wissenschaftlerin Siriporn Skrobanek vom *Women's Information Centre* in Bangkok, die Sozialarbeiterin Sudarat Sereewat, die Rechtsanwältin Malee Pruekpongsawalee und der

Arzt Tebhanom Muangman in Thailand, die Journalistinnen Yayori Matsui und Naoko Jyori in Japan, die Soziologin Margarita Cordero und die Anthropologin Christina Cavalcanti in Santo Domingo, die Sozialarbeiterin Doris Chan Ke Chan in Mauritius, der Soziologe Goli Kouassi in der Elfenbeinküste und viele andere stellten Untersuchungen an, alarmierten die Presse und die Politiker, reisten um die halbe Welt, um den Skandal dieser modernen Sklaverei bekanntzumachen, und sie gründeten Zentren, um den Frauen zu helfen. Sie nahmen zum Teil große Risiken auf sich. Der Thailänder Prapoth Srites, der in Bangkok mit Freunden zusammen die *Northerners' Relations Group* aufbaute, um Mädchen aus dem Norden zu helfen, die aus Bordellen fliehen wollen, mußte zeitweise jede Woche die Adresse wechseln, um seinen Verfolgern zu entgehen.

Noch viel mehr als wir in Europa sind unsere Freunde in der Dritten Welt dem Schweigen und der Abwehr einer männlich beherrschten Gesellschaft ausgesetzt, die allen Grund hat, nicht an diesen Skandal zu rühren. Zwar wurden in Thailand – und auch in anderen südostasiatischen Ländern – in den letzten Jahren immer mehr Zeitungsberichte über die verbrecherischen Geschäfte mit der Prostitution publiziert, aber es geschah wenig. Selbst als 1984 in einem Bordell in Phuket, im Süden Thailands, fünf Prostituierte bei einem Brand den Tod fanden, weil sie eingesperrt oder sogar angekettet waren, wurde in Thailand kein Bordell geschlossen. Als ein Jahr später 28 Frauen aus der Dominikanischen Republik in einem Container erstickt vorgefunden wurden, die zusammen mit weiteren Frauen als Schiffsladung deklariert auf eine benachbarte Insel verfrachtet worden waren, wo sie in Bordellen arbeiten sollten, ging kein Schrei der Entrüstung durch die Welt. Die Regierung dementierte schließlich, daß Frauenhandel vorliege, obwohl dieser in der lokalen Presse in allen Einzelheiten geschildert worden war, obwohl jedermann wußte, daß diese Fahrten alle vierzehn Tage stattfanden und obwohl man den Organisator kannte. Wenn in der kenianischen Hafenstadt Mombasa amerikanische Marinesoldaten auf Urlaub mit Afrikanerinnen promenieren, ist die Polizei nicht da, wenn die GI's aber abgezogen sind, dann fällt sie über die Frauen her und verlangt von ihnen Bußgelder. Halbherzige Maßnahmen der Behörden gegen die Prostitution gehen weitgehend auf Kosten der Frauen.

Auch bei uns sind die Frauen viel stärker im Visier behördlicher Maßnahmen als die Männer. Statt zum Beispiel in der Schweiz die Arbeitsbedingungen der Tänzerinnen wirklich zu verbessern, wurde die legale Einreise der Frauen erschwert. In den Nachtlokalen kontrollieren die Polizisten die Papiere der Frauen, das verbotene, aber von den Besitzern geforderte Umsetzen von Champagner durch die Go-go-Girls wird toleriert. Regierungen und Parteien geben Untersuchungen in Auftrag, statt politisch zu handeln und bestehende Gesetze durchzusetzen. (Nicht alle, aber die einschlägigen Gesetze haben wir für die BRD und die Schweiz im Anhang zusammengestellt.) Immer mehr Fälle von Zwangsprostitution, von Mißhandlungen in arrangierten Ehen und von Ausbeutung der Saisonarbeiterinnen in Nachtlokalen wurden bekannt. Der Journalist Heinz G. Schmidt hat sie in Zusammenarbeit mit der *Erklärung von Bern* und dem *Zentrum für Entwicklungsbezogene Bildung* in Stuttgart untersucht. Die Ergebnisse, 1985 publiziert in dem Buch »Der neue Sklavenmarkt. Geschäfte mit Frauen aus Übersee« (Lenos-Verlag, Basel) sind erschreckend. Dennoch fühlte sich niemand zuständig, etwas zu unternehmen. Obwohl das Buch von Heinz G. Schmidt genügend Unterlagen für Anklagen bot, blieben die Gerichte stumm. Frauenhandel, bei uns, wird hingenommen. Nicht die Ehemänner, die ihre Frauen bedrohten, schlugen und einsperrten, nicht die Frauenhändler wurden bestraft, der Autor des Buches wurde schließlich wegen »Verleumdung« eines Frauenhändlers, den er als »stadtbekannt« bezeichnete, in der Schweiz verurteilt.

Der Frauenhandel ist auch kein Thema der Entwicklungspolitik geworden. Daß Frauen aus der Dritten Welt mitten unter uns zu Schaden kommen, das war – so schien es uns jedoch – ein Thema für politische Aktion und für Bewußtseinsbildung. Wie konnte man ausbeuterische Strukturen besser bekämpfen und Hintergründe von Rassismus und Sexismus besser zeigen als mit Beispielen, die sich vor jedermanns Nase abspielten? Doch die Hilfswerke taten sich lange schwer mit dem Thema. Es sei ein Frauenthema, hieß es, oder eines für die Sozialarbeit, einer schob den Ball dem andern zu. Einzelne Frauen von entwicklungspolitischen Organisationen, von Hilfswerken und Frauengruppen taten sich schließlich zusammen und gründeten 1985 in Zürich das *Dritte-Welt-Frauen-Informationszentrum (FIZ)* als Basis für Bewußtseinsbildung, politische Aktion und Hilfe. Später wurden in der Bundesrepublik Deutschland ähnliche Zentren gegründet, zum Beispiel in Frankfurt und in Stuttgart.

Dieses Buch versteht sich als Ergänzung zu den Untersuchungen von Heinz G. Schmidt. Auf Grund eigener Erfahrungen in Thailand, in Kenia und in der Dominikanischen Republik und mit Hilfe von Recherchen, die Frauen und Männer in der Dritten Welt gemacht haben, möchte die Autorengruppe etwas von den Hintergründen des Frauenhandels vermitteln und zeigen, wie der Handel mit den Frauen oder ihre Emigration in die Unterhaltungsindustrien der Industrieländer in Gang gekommen ist. Noch ein Wort zur Terminologie: Viele, die sich mit diesem Thema beschäftigen, unterscheiden zwischen Zwangsprostitution und frei gewählter Arbeit in der Prostitution. Erfahrungen zeigen, daß diese Unterscheidung in der Dritten Welt relativ ist, daß die Übergänge fließend sind. »Hinter jeder Frau, die in die Prostitution geht«, sagte uns eine Sozialarbeiterin im Norden Thailands, »steht eine Geschichte der Armut, der Benachteiligung, der Gewalt.« Wenn man in die Welt blickt, weiß man andererseits auch, daß Prostitution nicht immer unausweichbares Schicksal ist. Nicht für jede arme Frau ist die Prostitution der einzige Ausweg.

Eine besondere Erfahrung mit dem Thema Frauenhandel ist die, daß viele Menschen zwar aufmerksam zuhören und sichtlich bewegt reagieren, aber abwehren, wenn es darum geht, zu agieren. Vielleicht, weil es sich um ein Thema handelt, das jeden von uns viel direkter angeht als zum Beispiel der Bereich Nahrungsmittel. Wenn ich erkannt habe, daß tropische Früchte unter ungerechten Bedingungen produziert werden, kann ich aufhören, welche zu kaufen. Beim Thema Frauenhandel muß ich auch mein eigenes Verhältnis zur Sexualität und zur Liebe befragen. Und dies führt in mein Innerstes, berührt alle meine Lebenssphären, meine eigene Entwicklung, meine eigenen Hoffnungen und Träume, mein eigenes Verhältnis zum Mann oder zur Frau, zum Partner und zur Partnerin. Damit will ich nicht sagen, Frauenhandel sei als Thema wichtiger als andere, aber ich meine, es dürfe nicht isoliert angegangen, nicht als »Frauenthema« abgeschoben werden. Gerade weil es ein komplexes Thema ist, das mit allen Bereichen des Nord-Süd-Konfliktes zu tun hat, müssen wir auch hier ganzheitlich denken und handeln. Ganzheitlich bedeutet auch, daß Männer mitarbeiten, ihre eigenen Untersuchungen unter Männern und über Männer machen und mit Frauen zusammen Strategien entwerfen.

Für Frauen aus der Dritten Welt ist dies selbstverständlicher als für uns. Am Forum der UNO-Frauenkonferenz in Nairobi im Sommer 1985, wo die Frauen aus Afrika, Asien und Lateinamerika endlich ebenso stark vertreten waren wie die Frauen aus den Industrieländern, fiel allen Teilnehmerinnen und Beobachtern auf, wie zentral für die Frauen aus der Dritten Welt sexuelle Gewalt, geschlechtsbezogene Unterdrückung und der Frauenhandel in allen seinen verschiedenen Ausprägungen ist. Viel unbefangener als wir Europäerinnen haben sie energisch und ohne »Wenn und Aber« die Abschaffung der Prostitution, des Sextourismus und der Heiratsvermittlung gefordert.

Die bisherigen Recherchen und Studien konnten die Auswirkungen von Aids auf Frauenhandel, Prostitution und Sextourismus noch nicht berücksichtigen. Inzwischen liegt der Bericht »Aids and the Third World« des Londoner PANOS-Institutes mit seinen erschreckenden Prognosen vor. Länder, in denen Frauenhandel und Sextourismus stattfinden, werden über kurz oder lang reagieren müssen, wobei die Maßnahmen von Aufklärung bis Einreisebeschränkungen für Ausländer gehen können. Welche Maßnahmen getroffen und welche Folgen sie haben werden, ist heute noch nicht absehbar.

Unser gemeinsames Ziel ist eine Gesellschaft, in der Liebe

und Gerechtigkeit sexuelle Ausbeutung überflüssig machen. Dieses Ziel, das leider in weiter Ferne liegt, soll uns gerade deswegen nicht davon abhalten, mögliche Schritte dahin zu überlegen und zu realisieren. Von ihnen wird im abschließenden Kapitel die Rede sein.

Das Buch ist zum größten Teil im Teamwork entstanden, und es faßt die Erfahrungen einer sechsjährigen Auseinandersetzung mit dem Thema »Prostitution – Entwicklung – Tourismus« zusammen. Ergänzt werden die Wortbeiträge durch die Karikaturen zweier Cartoonisten, einem Brasilianer und einem Schweizer, die beide seit vielen Jahren mit ihrem unverwechselbaren Strich ihre Rolle in der politischen Erziehung spielen.

Bewußt haben wir im Text auf Fotos verzichtet; der möglicherweise voyeuristische Blick verhindert die Auseinandersetzung mit den Hintergründen des Frauenhandels und mit deren Ursachen. Bewußt haben wir auch auf die ausführliche Wiedergabe der Schilderungen von Einzelschicksalen verzichtet. Wir wollten unter allen Umständen vermeiden, daß Frauen, die uns ihr Vertrauen geschenkt haben, durch die Medien vermarktet werden – wie es leider öfters vorgekommen ist.

TEIL II

Frauenhandel und Dritte Welt

HOTELLERIE
LOCAL GOVERNMENT
TOURISM

Ein internationales Problem

REGULA RENSCHLER

Es war für Mary nicht einfach, ihre Heimat, eine kleine Antilleninsel, zu verlassen. Sie hoffte, auf einer größeren Insel, wo es Fabriken und Hotels gab, Arbeit zu finden, um ihre Familie unterstützen zu können. Die junge Frau ließ zu Hause ihre Mutter, viele Geschwister und zwei eigene kleine Kinder zurück. Mary war die älteste Tochter ihrer Mutter, ihre einzige Stütze, Väter gab es keine in der Familie. Es war ihre erste Reise mit einem Flugzeug, sie fühlte sich unsicher und unbehaglich. Bei der Landung in Antigua wurde Mary von einem Herrn mit weltmännischem Gehabe angesprochen. Er stellte sich als Schweizer Geschäftsmann vor, redete freundlich mit der jungen Frau und bot ihr schließlich eine Stelle als Empfangsdame in einem Schweizer Hotel an. Mary lehnte ab. Sie hatte Angst. Der Schweizer folgte ihr, versuchte sie zu überreden, flog endlich sogar zu ihrer Mutter, die er mit Geschenken verwöhnte und im Gespräch vieleutig auch die Möglichkeit einer Heirat mit der schönen Tochter andeutete. Mary kapitulierte, als der Herr ihr mitteilte, sie würde nicht allein reisen, sondern in Begleitung von zwei weiteren Mädchen.

»Er versprach, er werde alle Kosten und die ganze Verantwortung übernehmen, ich würde in der Schweiz ganz unabhängig sein«, erzählte uns Mary später, als sie einen Anwalt brauchte gegen den, der ihr Zuhälter werden sollte. »Als ich ihn fragte, warum er dies alles für mich mache, antwortete er, daß die Menschen auf den Inseln hier sehr gut zu ihm gewesen seien und daß er einem hübschen Mädchen wie mir und meiner Familie helfen wolle.«

Auf dem Flughafen traf Mary ihre beiden Mitreisenden, eine davon war noch nicht fünfzehn Jahre alt. Die Reise ging über Paris nach Zürich, eine Stadt, von der Mary noch nie gehört hatte. Vor dem Abflug nahm ihnen der Herr die Pässe ab, die Flugtickets präsentierte er selbst. Niemand schien sich darüber zu wundern.

In Paris war es kalt, es regnete, die jungen Frauen froren. Und nicht nur das: der freundliche Herr änderte mit einem Mal sein Verhalten, er wurde grob, handgreiflich, seine Stimme bekam etwas Bedrohliches. Er stieß sie vor sich her. In Zürich-Kloten, wo den Zollbeamten nichts aufgefallen war, stieg die kleine Gesellschaft in ein Auto und fuhr direkt in ein Privathaus, wo Mary und ihre Kolleginnen jede für sich in ein Zimmer eingeschlossen wurden. Ihre Nahrung bestand aus Katzenfutter in Büchsen. Und eines Nachts stand plötzlich ein Kunde im Zimmer.

Sofort nach ihrer Ankunft mußte Mary etliche Papiere – »für die Polizei, für die Behörden etc.« – unterzeichnen, die ihr der Mann verdeckt hinhielt, indem er jeweils nur eine Ekke eines Blattes zur Unterschrift umdrehte. Er ließ den jungen Frauen den Film »Black Emmanuelle« vorführen, probierte ihnen Perücken an, da ihre kurzen Kraushaare unschön seien und ließ sie nackt fotografieren. Mary erzählte: »Er nahm uns in viele Bars mit, damit wir die Mädchen beim Tanzen beobachten und die Männer sähen. Er sagte mir, ich müsse nett zu den Männern sein, dann bekäme ich Geld von ihnen. Oft hat er uns mitten in der Nacht geweckt und uns befohlen, zum Bahnhof zu gehen und nach Männern Ausschau zu halten. Oder er sagte, steht auf, geht ins Restaurant und kommt mit Kunden zurück.« Wie Sklavinnen wurden die drei Frauen, darunter das fünfzehnjährige Mädchen, in die Schweiz verschleppt, hergerichtet und abgerichtet, eingesperrt, zur Prostitution gezwungen, herumgeschickt, vermarktet.

Einige Jahre später, nachdem es Mary gelungen war, ihrem Peiniger zu entkommen und auf eigene Rechnung als Tänzerin in einer Bar zu arbeiten, versuchte sie der Mädchenhändler mit Schuldverschreibungen zu erpressen, die sie ahnungslos am ersten Abend als Blankopapiere unterschrieben hatte. Damals wandte sie sich um Hilfe an mich. Mary mußte die »Schulden« nicht bezahlen, obwohl ihr das Gericht nur zögernd Glauben schenkte, denn unterschrieben ist unterschrieben. Gegen den Herrn wurde keine Anklage erhoben.

Der Frauen- und Kinderhandel findet weltweit und in verschiedenen Formen statt. Kinder und junge Mädchen werden in Ländern der Dritten Welt in Bordelle verschleppt und der Prostitution zugeführt, mit und ohne Zustimmung der Eltern – so wie es früher auch in Europa der Fall gewesen war. Ein solcher Handel findet auch zwischen einzelnen Ländern statt. Kinder und junge Mädchen werden aus den Philippinen nach Japan vermittelt, aus Bangladesh nach Pakistan verkauft, in Indien auf eigenen Märkten angeboten, in der Karibik wie Vieh gehandelt. Sie werden aus Brasilien nach Uruguay, Paraguay und Argentinien verschoben, aus Ghana und Nigeria nach Abidjan und Dakar geholt. Einige landen in Europa. Dabei werden sie belogen, mit Gewalt ihrer Freiheit beraubt, vergewaltigt, verhöhnt und mißbraucht. Und nicht einmal den Lohn ihrer harten Arbeit können sie für sich beanspruchen, der Löwenanteil wandert in die Taschen der Agenten, Zwischenhändler und Zuhälter. Der größte Teil des mageren Restes ist für die Familie zu Hause bestimmt.

Untersuchungen in Südostasien, in der Karibik, in Lateinamerika und in Westafrika zeigen, daß die Agenten bei der Landbevölkerung vor allem zwei Tricks anwenden, wenn sie neue Frauen suchen. Der eine besteht darin, den Eltern der Kinder oder den jungen Frauen Arbeit oder eine Ehe in der Stadt zu versprechen, der andere besteht darin, daß die jungen Mädchen verheiratet oder in einer heiratsähnlichen Zeremonie an einen Mann gebunden werden, der sich später als ihr Zuhälter entpuppt oder der sie weitergibt, nachdem er seinen Teil kassiert hat. Um die Spuren zu verwischen, werden die Wege bis zur Endstation Prostitution oft verschlungen angelegt. Dort, wo die Eltern einen Vorschuß auf den Verdienst der Tochter in der Stadt erhalten haben, wie es in Thailand vorkommt, werden sie zu Komplizen der Agenten, freiwillig oder nicht. Es kommt aber auch vor, daß Kinder und ganz junge Mädchen von ihren Eltern verkauft oder von Zuhältern gestohlen werden.

Dazu einige Beispiele: Die Nigerianerin Véronique A., die heute als Prostituierte in Abidjan, der Hauptstadt der Elfenbeinküste arbeitet, war 14 Jahre alt, als ein Mann eines benachbarten Stammes um sie warb. Die Eltern hatten nichts gegen die Ehe einzuwenden, die Heirat fand statt, und das Paar zog bald darauf nach Ghana. Wer beschreibt Véroniques Erstaunen, als ihr Mann sie dort mit einem neuen Mann verheiratet. Ihre Proteste fruchten nichts, der erste Ehemann verschwindet auf Nimmerwiedersehen aus Véroniques Leben, der zweite nimmt sie nach Ouagadougou, der Hauptstadt von Burkina Faso mit. Dort zwingt er sie zur Prostitution, gegen ihren Willen, trotz ihrer verzweifelten Bitten. Zwei Wochen später reisen sie nach Abidjan weiter, wo ihr zweiter Mann Véronique einer »Maman« abliefert, einer Bordellbesitzerin, welche die »Ware« bestellt hatte. Véronique ist 14, in einem fremden Land, dessen Sprache sie nicht spricht. Auch der zweite Mann verschwindet, das Mädchen wird eingesperrt, bis es pariert.[1]

Parvez Aminuddin, ein hoher pakistanischer Beamter und Mitglied einer islamischen religiösen und sozialen Institution, deckte einen Mädchenhandel zwischen Bangladesh und Pakistan auf, bei dem 15- bis 19jährige Mädchen aus Dacca nach Pakistan und Indien verkauft worden waren. Zahiran, eines dieser Mädchen, erzählte später, daß der Mann, der sie von zu Hause weggelockt hatte, sie in Lahore an einen Zuhälter namens Babu verkauft habe. Dieser Babu verkaufte Zahiran weiter an einen Mann in Lahore, an dessen Namen sich Zahiran nicht mehr erinnerte. Sie wußte auch nicht mehr, wie lange sie bei ihm blieb. Als ihr endlich die Flucht gelang, hatte sie zehn Rupien in der Tasche, die sie für die Fahrt mit dem Bus in die Stadt brauchte, wo Parvez Aminuddin sie fand. Zorah, ein anderes Mädchen, war erst neun Jahre alt, als sie von ihrer Familie in Bangladesh weggelockt wurde. Eine Frau hatte sie gebeten, sie zu ihrer kranken Tante zu begleiten. Arglos ging Zora mit. Natürlich gab es keine Tante. Die Frau verkaufte Zorah an einen Kinderhändler, der sie nach Karachi brachte, wo sie als Hausangestellte untergebracht wurde. Zorah sollte dort 700 Reis im Monat verdienen, aber während der neun langen Jahre, die sie dort gearbeitet hat, hat Zorah niemals einen einzigen Reis gesehen, denn der Kinderhändler holte ihr Salär jeden Monat von ihrem Arbeitgeber ab unter dem Vorwand, er sei ihr Bruder.

Wie andere Mädchen konnte Zorah nicht mehr genau schildern, was ihr alles angetan wurde. Ihre Erzählungen ergaben, daß sie eines Tages doch aus der Wohnung entwich, daß sie eine zweite Flucht wagte, die gleich endete, worauf sie schließlich an einen Mann verkauft wurde, der sie angeblich heiraten wollte. Als dieser Mann sie regelmäßig schlug, rannte sie wieder weg, bis sie durch die Vermittlung der Lokalzeitung unter die Obhut von Parvez Aminuddin gelangte. Zahiran und Zorah sind wieder zu Hause, aber »niemand weiß«, so sagte Parvez Aminuddin auf einer Pressekonferenz, »wie viele Tausende andere Mädchen noch immer in Pakistan sind und wie viele in der Zukunft dieses selbe Schicksal erleiden werden.«[2]

Mila war 15 Jahre alt, als sie sich in Tondo, einem Slum-Stadtteil von Manila, als Sängerin nach Japan engagieren ließ. Im Oktober 1985 kam sie mit einem falschen Paß, in dem ihr Name geändert und ihr Alter erhöht worden waren, und einem Touristenvisum in Japan an. Ihr Arbeitgeber, ein Zuhälter, zwang sie sofort zur Prostitution. Jeden Monat wurde Mila in eine andere Bar gebracht. Nach neun Monaten lernte Mila an ihrem letzten Arbeitsort zwei Filipinas kennen, die sie zur gemeinsamen Flucht ermutigten. Nachdem der Japaner, der sie nachts jeweils bewachte, eingeschlafen war, sprangen die drei Mädchen aus dem Fenster. Mila war damals im dritten Monat schwanger, sie brach beide Beine beim Sturz. Geld hatte sie keines. Dank der Hilfe einer kirchlichen Organisation konnte Mila aus der Hand der Gangster gerettet und zurück in die Philippinen gebracht werden.[3]

Eine junge Prostituierte in Honduras erzählte, daß sie in ihrem Dorf von einer Frau angesprochen worden war, die ihr in der Hauptstadt eine gutbezahlte Stelle versprach. In Tegucicalpa wurde sie einem »Freund der Familie« ihrer Beschützerin übergeben. Später erfuhr sie, daß sie an diesen Mann für 150 Dollar verkauft worden war. Er war der Besitzer eines

Bordells, in dem US-Soldaten des nahegelegenen Stützpunktes verkehrten.[4]

In Brasilien existieren in vielen Städten, zum Beispiel Rio de Janeiro, Porto Alegre, Lages, Caruarú, Bordelle, die sich darauf spezialisiert haben, ihre Opfer für den Wiederverkauf innerhalb Brasiliens und in die Nachbarstaaten so zu »präparieren«, daß die Frauen es vorziehen, lieber zu schweigen, als an den Ort ihrer Folter zurückzukehren, wie ihnen angedroht wird.[5] Auf 50000 wird die Zahl der Mädchen geschätzt, die allein im Nordosten jedes Jahr Opfer der Zuhälterei werden, unter ihnen Kinder im Alter von erst neun Jahren.

Nicht vergessen darf man, daß es in Lateinamerika, wo eine ansässige iberische Oberschicht seinerzeit die Unabhängigkeit ihrer Auswanderungsgebiete erkämpft hatte, eine weitest verbreitete »häusliche« Form der Zwangsprostitution gibt: die Millionen von »Muchachas«, junge Hausangestellte, stehen den Männern des Hauses in jeder Beziehung zur Verfügung. Weigern sie sich, verlieren sie nicht nur ihre Stelle, sondern sie werden häufig von den »Señores« des Diebstahls oder eines anderen Deliktes angeklagt, wogegen sie sich nicht wehren können. Diese »Muchachas« sind oft indianischer oder halbindianischer Herkunft, viele können weder lesen noch schreiben, viele kommen als halbe Kinder zur Bedienung in die Familien.

Schon fast zum Alltag gehört der Frauenhandel in der Karibik. In einer Zeitschrift wird die Mädchenfängerei in den Antillen beschrieben: »Jeden Montag morgen um 8.25 Uhr landet auf dem Princess-Johanna-Airport von St. Maartens das Kursflugzeug ALM 210, an Bord zwanzig bis fünfunddreißig junge Frauen, die mit oder ohne ihr Wissen Bordellen zugeführt werden sollen. Der Flughafen, sonst voller Touristen und Geschäftsleuten, sieht dann völlig anders aus. Auf die DC 9 warten eine große Anzahl von Prostituierten und ihre Kunden – vor allem Einheimische – welche die Neuangekommenen begutachten wollen. ›Frisches Fleisch‹, ›ganz schön viel Konkurrenz‹ und ›bald wird es in Santo Domingo keine Frauen mehr geben‹, tönt es aus rauhen Kehlen. Eine Art hysterische Lustigkeit erfüllt die Ankunftshalle.«

St. Maarten ist nicht der einzige Ort solcher Szenen. Ähnliches geschieht jede Woche in größerem oder auch kleinerem Umfang in Curaçao, Bonaire und einer großen Zahl weiterer karibischer Inseln. Die Einwanderungsbehörden versuchen, neuangekommene Prostituierte nicht ins Land hineinzulassen. Die Zuhälter indessen statten jede Frau mit einem Rückflugticket und 500 Dollar aus, wodurch sie sich den Behörden als Touristinnen ausweisen können. Um den Handel zu stoppen, führen die Behörden alle drei bis vier Wochen Razzien durch, die ohne Folgen bleiben. Der Zustrom immer neuer Mädchen und Frauen hält unvermindert an.

Die Auswirkungen auf die Wohnbevölkerung der Niederländischen Antillen hat »epidemische Ausmaße« angenommen, wie Monica Apons vom Vorstand der *Caribbean Church Women* von St. Maarten meinte. »Der Frauenhandel«, sagt sie, »hat das Familienleben und das Leben in der Gemeinde bei uns völlig verändert und zum Teil zerstört. Die meisten Mädchen verschwinden in einheimischen Bordelle, einige werden von Europäern in Länder mitgenommen, deren Namen in ihren Ohren ebenso fremdartig klingen wie in unseren die ihrer Inseln.«[6]

Die jungen Frauen sind den Bordellbesitzern völlig ausgeliefert. Sie müssen für Kost und Logis aufkommen. Solange sie Schulden haben, dürfen sie das Etablissement nicht verlassen. Ihren Schwestern in Bangkok und in Abidjan geht es genauso.

Goli Kouassi, der Autor einer Untersuchung über die Prostitution in Westafrika, schreibt über die Rekrutierung junger Mädchen und Frauen auf dem Land: »Über 90 Prozent der Opfer sind junge Mädchen, die noch nie mit der Prostitution in Berührung gekommen sind, viele sind Jungfrauen. Was ihre Rekrutierung betrifft, so handelt es sich hier ohne Zweifel um Frauenhandel (»traite des femmes noires«). Auch wenn die Umstände, wie sie geraubt und weitervermittelt werden, dank der modernen Technik subtiler geworden sind – was übrigens nicht immer der Fall ist –, so muß man diese Vermittlung dennoch als Menschenhandel (»trafic d'être humains«) bezeichnen.«[7]

Offizielle Zahlen zum Kinder- und Frauenhandel gibt es natürlich nicht, nur einige Schätzungen zur Zahl der Prostituierten (über zehn Millionen in Lateinamerika, eine Million in Thailand, über eine halbe Million in den Philippinen, über 300000 in Südkorea, 25000 in der Dominikanischen Republik, 10000 in der Elfenbeinküste), sie unterscheiden aber nicht zwischen Zwangsprostitution und frei gewählter Arbeit in der Sexindustrie. Deshalb sind die Geschichten von Kindern und Frauen in diesem Buch lediglich Fallbeispiele, die auf das Ausmaß des Problems hinweisen. Der Kinder- und Frauenhandel ist häufig verknüpft mit Drogenhandel und anderen kriminellen Vergehen. Aus Angst vor Repressalien trauen sich die Frauen in der Regel nicht, zur Polizei zu gehen oder auszusagen, wenn einmal ein solcher Skandal aufgedeckt wird. Was die Anzahl der Kunden und der Zuhälter und aller, die vom Frauenhandel profitieren, betrifft, so gibt es nicht einmal Schätzungen.

Ausnützen von traditionellen Strukturen

Warum lassen sich Eltern von Kindern und junge Frauen so arglos auf diesen Handel ein? Warum sind sie nicht mißtrauischer den Mädchenhändlern gegenüber? Frauenhändler stammen meistens aus der gleichen Gegend oder sind Angehörige des gleichen Stammes wie ihre Opfer. Sie sind mit den lokalen Gegebenheiten vertraut und sprechen die Sprache. Oft handelt es sich um ältere Frauen und Männer, die als ausgesprochene Respektspersonen auftreten. Bei der Mädchenfängerei via Heirat – sei es, daß der »Bräutigam« selbst wirbt, sei es, daß die rekrutierende Person eine gute Ehe in der Stadt oder im Ausland verspricht – zählen die Frauenhändler auf die große Bedeutung der Ehe in Afrika, Asien und Lateinamerika; Ledige gelten in den meisten Gesellschaften der Dritten Welt nicht viel. Die Ehe ist das Ziel der Mädchen und ihrer Eltern, die Ehevermittlung durch eine Drittperson eine durchaus übliche und akzeptierte Form.[8] (Nicht auf die Dritte Welt ist die Tatsache beschränkt, daß Ehemänner als Zuhälter ihrer Frauen auftreten; auch Zwangsheiraten von betrogenen Frauen aus der Dritten Welt mit Europäern zwecks Prostitution haben in den letzten Jahren in unseren Ländern zugenommen!) Da die Mädchen in der Dritten Welt viel früher heiraten oder verheiratet werden, befinden sich unter den Opfern des Frauenhandels via Ehevermittlung oft Kinder und junge Mädchen am Anfang der Pubertät. In der Elfenbeinküste, wo die Opfer der Zwangsehe zu Prostitutionszwecken vor allem aus Ghana und Nigeria stammen - daher der dort übliche Ausdruck »mariage nigérien« - hat Goli Kouassi junge Prostituierte befragt, die im Alter von acht Jahren zwangsverheiratet worden waren.

Eine andere alte Tradition in Afrika, die von »mamans« oder »mamies« zu Prostitutionszwecken mißbraucht wird, besteht darin, daß eine ältere Frau, die keine eigenen Kinder hat, ein junges Mädchen mit einem Verwandten verheiraten darf, wodurch das Mädchen die Tochter der Frau wird. Die Frau bezahlt dem Bräutigam einen Brautpreis und erhält dadurch alle Rechte über das Mädchen.[9]

Auch bei der »Arbeitsvermittlung« zur Rekrutierung von Prostituierten kommen den Frauenhändlern gesellschaftliche Traditionen entgegen. Kinderarbeit ist in der dritten Welt weit verbreitet, bedürftige Eltern bringen ihre Kinder selber in die Städte, sie geben sie Agenten und Familienangehörigen mit; junge Leute reisen auf eigene Faust in die Städte, um Arbeit zu suchen, oft nur mit der Adresse eines »Cousins« in der Tasche. In Afrika können die Emigranten wenigstens mit der Solidarität ihrer Familienangehörigen rechnen, wobei man unter »Familie« die Großfamilie oder den Stamm verstehen muß. Das Vertrauen auf diese Solidarität und die Aussicht auf den bitter nötigen Verdienst der Tochter läßt bei den Eltern weitere Bedenken schwinden.

Millionen von Kindern und jungen Mädchen arbeiten in Afrika als Gehilfinnen von älteren Frauen im Handel, auf dem Markt, in einem Gewerbe und im Haushalt. Diese Arbeit ist mehr als nur ein Geldverdienst - die Löhne sind minimal oder bestehen aus Kost und Logis -, sie gilt in Westafrika als Einführung in Geschäfte, die sehr einträglich sein können. Die Kinder lernen den Beruf der Händlerin. In Lateinamerika und in Asien sind Kinder begehrte Arbeitskräfte für Fabriken, weil sie wenig Lohn erhalten und geschickte Finger haben, und überall in der Dritten Welt arbeiten sie als Hausangestellte, zum Teil fast wie Leibeigene. Die Agenten des Frauenhandels treten als Arbeitsvermittler für »mamies« und »mamasans« auf, oder Agentinnen und Bordellbesitzerinnen geben sich selbst als Händlerinnen aus. Wenn die Opfer den Irrtum erkennen, ist es zu spät.

Bei jungen Frauen, die auf eigene Initiative den Agenten folgen, sind viele Unverheiratete mit Kindern, die von ihren Familien verstoßen werden oder die in ihrer Umgebung keine Chance mehr auf eine Heirat haben. Den etwas Älteren wird von den Agenten schon eher eine Stelle in der »Hospitality«-Industrie angeboten, als Tänzerinnen, »receiptionists«, Angestellte in Hotels und Restaurants.

In Asien, wo vor allem junge Frauen aus Thailand, den Philippinen, Südkorea und Taiwan eine Arbeit in Japan anstreben, ist das Geschäft gut organisiert und in den Händen von Gangstern und Agentenringen. Die Frauen werden als Tänzerinnen oder Sängerinnen engagiert, wobei die Agenten in den Philippinen die Bewerberinnen manchmal sogar zum Vortanzen und Vorsingen kommen lassen. Einige, aber längst nicht alle Frauen realisieren, daß ihre Arbeit die Prostitution sein wird. Die Agenten statten die Frauen mit einem falschen Paß, mit einem Flugticket und Kleidern aus; Ausgaben, für die sich die Frauen entweder verschulden oder die sie in Japan zurückzahlen müssen. In Japan werden die Frauen direkt an Bordelle und Nachtlokale verkauft. »Viele Agenten operieren illegal, in den meisten Fällen aber sorgen Kontakte mit der lokalen Polizei dafür, daß sie nicht verfolgt werden.«[10] Es ist in Japan genauso schwierig wie in der Schweiz, eine Arbeitsbewilligung für Ausländer zu bekommen. Ausländerinnen, die als »Sängerinnen« oder »Tänzerinnen« arbeiten, dürfen keine anderen Jobs annehmen, Prostitution ist verboten. Ein Ausländer, der illegal arbeitet, kann ausgewiesen werden. 1985 wurden 4407 philippinische Staatsangehörige ausgewiesen, die meisten waren Frauen aus der Unterhaltungsindustrie. Die Zahl der Ausgewiesenen läßt auf die hohe

Zahl der Ausländerinnen schließen, die sich illegal im Land aufhalten, unter ihnen zunehmend Frauen aus Lateinamerika.

In Lateinamerika, von Mexiko bis Uruguay (mit Ausnahme von Kuba), nimmt der Menschenhandel zu. Er ist in den Händen mächtiger Agentenringe und meistens mit dem Drogenhandel verbunden. Junge Mädchen werden gekauft, gestohlen, mit Arbeitsangeboten, Reisen und anderen Möglichkeiten zu Heiraten gelockt. Sie werden an Nachtlokale, Bordelle und Privathaushalte vermittelt, im Inland und auch ins Ausland. In ganz Lateinamerika wird die Prostitution zunehmend zu einer Überlebensmöglichkeit für die Kinder, die unabhängig von ihren Familien, allein oder in Banden, für ihren Unterhalt aufkommen. Auf 40 Millionen schätzt der »Internationale Bund für die Achtung der Menschenrechte« die Zahl der Straßenkinder, davon sollen allein in Brasilien 30 Millionen leben. Sie sind ein leichtes Opfer der Sexindustrie, wie das folgende Beispiel aus Brasilien zeigt: »Massagesalons und Bordelle in Fortaleza, Hauptstadt des brasilianischen Bundesstaates Ceara, halten ihren Kunden auf Wunsch sieben- und achtjährige Kinder beiderlei Geschlechts bereit, auch auf den Straßen der Hafenstadt sei es ein leichtes, Kinder anzutreffen, die sich gegen Geld sexuell mißbrauchen ließen, heißt es in dem Bericht der Organisation. Selbst in Bürgerhäusern, so ergaben die Recherchen, geht es längst nicht immer sittsam zu: Zwölfjährige, als Dienstmädchen vom Land in die Stadt geholt, werden vom Hausherrn oder seinen Söhnen in der Regel sexuell mißbraucht. Die Sexindustrie im Tourismus-Magnet Rio de Janeiro offeriert zahlungsbereiten Kunden Knaben und Mädchen im gleichen Alter, und die in São Paulo beheimatete brasilianische Pornoindustrie setzt ebenfalls auf Jugendliche in diesem Alter.«[11]

Überall in der Dritten Welt, wo dieser Kinder- und Frauenhandel existiert, haben seine Opfer viel gemeinsam: Die allermeisten stammen vom Land, sie sind jung, haben keine oder nur eine kurze Schulbildung gehabt, ihre Eltern sind arm und ihre Familienverhältnisse oft so, daß sie weder Wärme noch Sicherheit geben. Ihre Zukunftsaussichten und die ihrer Familien sind schlecht.[12]

»Frei«-gewählte Prostitution und Prostitution als Nebenerwerb

Es sind fast immer die gleichen Hintergründe, die junge Frauen dazu bringen, *wissentlich* ein Auskommen im Sexbusineß zu suchen. Armut, Unglück in der Familie, Schwierigkeiten in Partnerschaften und Ehe, Arbeitslosigkeit, mangelnde Ausbildung, die Verantwortung der Töchter ihren Eltern und Familien gegenüber, der Vergleich mit Löhnen in Industrie und Landwirtschaft, die Erfahrung, daß eine Stelle in einer Fabrik, in einem Haushalt oder einem Büro keineswegs vor sexueller Belästigung schützt – oft im Gegenteil –, die Verlokkungen der Konsumgesellschaft – es gibt viele Gründe, weshalb Frauen aus eigenem Willen Prostituierte werden. Ein Traumjob ist es für keine, und für praktisch alle nur eine Durchgangslösung. Für eine verschwindend kleine Minderheit spielen emanzipatorische Gründe eine Rolle, das Streben nach Selbständigkeit zum Beispiel oder der Wunsch, der männlichen Kontrolle zu entgehen.

Viele emigrieren zunächst in die Städte, um dort Arbeit zu suchen und finden keine oder nur eine miserabel bezahlte; andere folgen einer Schwester, einer Freundin, einer Verwandten oder Bekannten, deren Einkommen und städtische Manieren sie beeindrucken, wieder andere sehen sich plötzlich gegen ihre Absicht in der Prostitution gefangen, wenn sie nur einmal eine dringende Ausgabe auf diese Weise erledigen wollen und dann nicht mehr davon loskommen. Auch bei jenen, die aus eigenem Entschluß das Sexbusineß gewählt haben, spielt die Überredungskunst von Agenten und Mittelsleuten manchmal eine entscheidende Rolle. Die Behörden reagieren überall halbherzig auf die Gewalt gegen Frauen und Kinder, auf ihre Unterdrückung und Ausbeutung. Strafmaßnahmen treffen meistens die Frauen, oder sie treffen sie viel härter als die Männer. Dafür gibt es viele Gründe: Prostitution gibt jenen ein Einkommen, die zu den Ärmsten gehören, und entlastet dadurch den Staat; die Mitglieder der Behörden, in der großen Überzahl Männer, sind selber Angehörige von Gesellschaften, die Frauen gering achten und von ihnen profitieren, sie sind vielleicht selber Kunden von Prostituierten oder haben aktiv teil am Frauenhandel. Dort, wo Frauen Lockvögel sind im internationalen Tourismusgeschäft, unterstützen gewisse Behörden durch entsprechende Werbung sogar direkt oder indirekt die Prostitution.

Neben den Frauen, die durch Betrug in das Bordellgeschäft gelockt worden sind (und die vermutlich die Mehrheit der Prostituierten in der Dritten Welt ausmachen), stellen Untersuchungen über die Lage der Frauen in der Dritten Welt und über die Prostitution eine wachsende Zahl von Frauen fest, die in der Prostitution einen willkommenen Nebenverdienst sehen. Zu ihnen gehören Schülerinnen und Studentinnen, deren Kunden vorab die Herren der oberen Gesellschaftsschicht sind, die sich die jungen Damen manchmal als »Nebenfrauen« oder Maîtressen halten, ferner junge Frauen der Mittelschicht, die mit der Elite im eigenen Land, mit Geschäftsleuten und Kongreßteilnehmern aus dem Ausland, mit »étrangers en mission« und Touristen zu tun haben, beruflich oder auch nicht. Manche lassen sich verführen, manche erfüllen sich damit besondere Wünsche, manche steuern auf diese Weise aber auch zum Lebensunterhalt der Familie bei, denn häufig sind die Löhne der Angestellten mit guter Ausbildung in der Dritten Welt vergleichsweise tief.[13] Und schließlich gibt es auch in der Dritten Welt Luxusprostituierte, die sich mit oder ohne Zuhälter in den obersten Gesellschaftsklassen bewegen. Als Beispiel Colombo, berüchtigt vor allem durch seine männliche Prostitution. Laut einer Untersuchung der Zeitschrift »Weekend Sun« sind »höchstbezahlte Fotomodelle und Mannequins, verheiratete Frauen der High Society, Gymnasiasten und Rugbyspieler« rund um die Uhr als Luxusprostituierte für beide Geschlechter abrufbar.[14]

Zwei Drittel für die Zuhälter – ein Drittel für die Frauen

Am wenigsten verdienen selbstverständlich jene, die in Bordellen arbeiten oder unter der Fuchtel von »mamies« und Zuhältern stehen; sie verdienen gar nichts oder nur gerade soviel, wie zu ihrem kargen Lebensunterhalt nötig ist. Es sind die jungen Mädchen, die gekauften und gestohlenen. Sie werden sogar um die Früchte ihrer Arbeit gebracht, sind also doppelt betrogen. Wenn sie ihre »Schulden« abbezahlt haben, was jahrelang dauern kann, sind sie theoretisch frei. Die meisten arbeiten dann als »freie« Prostituierte der untersten Kategorie weiter. Auch jene, die den Agenten von ihren Eltern gegen Vorschuß übergeben worden waren, wie zum Beispiel die »bonded girls« in Thailand, müssen diesen Vorschuß solange abarbeiten wie es dem Bordellbesitzer gefällt. Kaum eines dieser wie Sklavinnen vermarkteten Mädchen findet den Weg zurück ins Dorf, ja es kommt sogar vor, daß in den seltenen Fällen, wo dieses gelang, die Familie die Tochter wieder in die Stadt zurückbrachte oder schickte.

Propoth Srites, einer der Begründer der *Northern Relations Group* in Thailand, die jungen Prostituierten aus dem Norden bei der Flucht aus Bordellen hilft, sagte mir, daß eine der Aufgaben seiner Gruppe unter anderen sei, den Eltern die Lage der Tochter zu erklären und sie davon zu überzeugen, daß das Mädchen zu Hause bleiben müsse.

Über die Verdienste jener, die die Preise selbst aushandeln, kann nur in sehr verallgemeinernder Form gesprochen werden. Überall gibt es Unzählige, die sich für ein Butterbrot verkaufen müssen und die in ärmlichsten Verhältnissen leben. Überall gibt es aber auch jene, die mit der Prostitution soviel verdienen wie eine Arbeiterin oder Angestellte und doppelt, dreifach und manchmal sogar zehnmal soviel. Zu diesen gut bis sehr gut verdienenden professionellen Prostituierten gehören die Frauen mit Schulbildung, die hübsch sind, die sich Kleider und Kosmetika und den Standard der oberen Mittelklasse leisten können. An Orten, wo viele Touristen aus dem Westen verkehren, genügt oft die Schönheit, die Andersartigkeit und die Freundlichkeit der Frauen als Arbeitskapital für ein gutes Einkommen.

Allerdings ist es *immer* ein unsicheres Einkommen. Die Arbeitszeiten sind lang, die Arbeit selbst gefährlich und voller Risiken für Leben und Gesundheit, zudem müssen viele damit rechnen, in der Gesellschaft nicht akzeptiert zu sein. Dennoch ist die schiere Möglichkeit, in der Prostitution mehr zu verdienen als es die eigene Ausbildung je gestattet, oder auf diese Weise schneller als auf jede andere zu Geld zu kommen, die Hauptattraktion für jene Frauen, die halbwegs selbst entscheiden können, ins Sexbusineß zu gehen oder darin zu bleiben. Die meisten haben nie eine wirkliche Wahl.

Den eigentlichen Nutzen ziehen aus dem modernen Sklavenhandel und aus dem Sexbusineß ganze Ketten von Frauenhändlern, Agenten und Agentinnen, Zuhälter, Bordellbesitzer, »mamies«, »matrones« und »mamasans«, Besitzer von Bars und Nachtlokalen, Taxifahrer, Portiers, Polizisten und die, die noch hinter ihnen stehen. Die Frauen unter den Zuhältern sind in aller Regel ehemalige Prostituierte oder Frauen von Zuhältern, was oft dasselbe ist. Einige leben von diesem Handel, für andere sind es einträgliche Nebeneinkünfte. Die meisten Schätzungen rechnen mit einem Durchschnitt von zwei Dritteln der Einkünfte für die Zuhälterei, einem Drittel für die Frauen.

Durch die Absprache mit Vertretern der Behörden und durch eigene Anwälte schützen die Frauenhändler, wenn nötig, ihr einträgliches Geschäft. Solche Absprachen – sie gehen bis hinauf in höchste Regierungskreise – erschweren das Aufdecken des Frauenhandels und die Bestrafung der Schuldigen.

Margarita Cordero, eine Mitarbeiterin des *Centro de Investigación para la Acción Femenina* in Santo Domingo, das eine Untersuchung über Frauenhandel und Prostitution in der Dominikanischen Republik gemacht hat, sagte in einem Interview für eine Radiosendung: »Aus Santo Domingo gehen ganze Wagenladungen von Prostituierten nach Europa und Lateinamerika. Wir wissen, daß die Frauen nicht von sich aus gehen, sondern daß ein organisierter Handel dahintersteht und wir wissen auch, wer ihn organisiert. Leider verfügen wir nicht über stichhaltige Beweise. Agenten rekrutieren regelmäßig auf dem Land Frauen für die Prostitution im Ausland, indem sie ihnen Verträge als Tänzerinnen oder Hausangestellte offerieren. Die Frauen müssen eine bestimmte Summe bezahlen für den Paß und die Reise, dann werden sie nach Panama gebracht und von dort weitervermittelt nach Zentralamerika, nach Curaçao, Surinam und nach Griechenland. Dieser Menschenhandel nimmt ständig zu. Wir wissen ferner, daß in den großen Hotels der Dominikanischen Republik den Touristen Frauen angeboten werden. Dabei handelt es sich vor allem um Frauen der Mittelklasse. Auch das ist ein organisiertes Geschäft. Es gibt bei uns aber auch Straßenprostitution und Bordelle, wo Frauen wie Sklavinnen gehalten und mißhandelt werden. Aus verschiedenen Gründen ist es sehr schwierig, dieses Problem anzugehen: Der Frauenhandel spielt sich in der Dominikanischen Republik unter einem Mantel vollständiger Verschwiegenheit ab. Kreise der Wirtschaft sind in den Frauenhandel mit dem Ausland verwickelt, während im Prostitutionsgeschäft innerhalb der Dominikanischen Republik seit eh und je Militärs die Hand im Spiel haben. Dieses aufzudecken kann lebensgefährlich sein. Mitte der siebziger Jahre gab es eine Kampagne in den Medien gegen den Frauenhandel. Der Journalist, der damals beweisen konnte, daß die Militärs die Prostitution betreiben, mußte das Land verlassen. Er wäre beinahe ermordet worden."[15]

Jyotsna Chatterji, Vertreterin des *»Joint Women's Programme«* in Indien, berichtete auf dem Kongreß der Internationalen Föderation der Abolitionisten 1984 in Wien: »In den großen Städten wie Kalkutta, Agra, Bombay, Hyderabad existieren Engros-Märkte, wo an speziellen Ecken junge Mädchen heimlich verkauft werden. Von diesen Märkten aus werden sie in andere Städte des ganzen Landes verschickt. Manchmal kaufen die Zuhälter Minibusse, die sie mit Mädchen füllen. Einer unserer Leute, der mit der Untersuchung des Frauenhandels in Indien beauftragt war, kam dazu, als ein Minibus voller Mädchen aus dem Süden Nepals in Allahabad ankam, einer Stadt im Norden Indiens, wo sie auf verschiedene Bordelle verteilt werden sollten. Gewisse Städte sind eigentliche Transitzentren. Die Mädchen werden in kleinen Hotels eingesperrt, bis sie verkauft und verteilt werden können. Die Zuhälter, welche die jungen Frauen rekrutieren, sind indessen nicht die Besitzer der Handelsringe, sie sind nur die Zulieferer. Die eigentlichen Organisatoren sind reiche Leute, Politiker, Geschäftsleute und manchmal auch Polizeibeamte.«[16]

In der peruanischen Hafenstadt Callao, bei Lima, mußten

die Besitzer zweier Bordelle Konkurs anmelden, weil sie der Konkurrenz durch ein drittes Bordell nicht mehr gewachsen waren. Dieses hatte mit spezieller Erlaubnis und Protektion durch die Behörden seinen Betrieb 24 Stunden geöffnet, mit direktem Zugang von der Hauptstraße. In Talara, einer kleinen Stadt im Norden Perus, eröffnete der Bürgermeister, im Hauptberuf Arzt, ein Bordell und kassierte die Einnahmen für sein Amt, immerhin 40 000 Dollar im Monat.[17]

Ungezählte Kunden

Und die Kunden? Wer sind die Männer, die zu Prostituierten gehen? »Alle«, antwortete mir kurz und bündig ein Student in Bangkok, »fast alle«, meinte ein Zeitungsredakteur am gleichen Ort. »Wer geht denn nie zu einer Prostituierten?« fragten mehrere junge Männer zurück, denen der Soziologe Goli Kouassi diese Frage stellte. Muß man daraus schließen, daß es in Gesellschaften, in denen sich die Prostitution entwickelt hat, eine Mehrheit ist? Welche Gruppen bleiben denn übrig, wenn man jene abzieht, die Kouassi zusammengestellt hat, nämlich die überzeugten Ledigen, die Fremdarbeiter, die Militärs, die Jungen, die unglücklich Verheirateten, die Behinderten, die sexuell Perversen und die Gelegenheitskunden, unter ihnen die »Etrangers en mission« – Geschäftsleute, ausländische Funktionsträger, Entwicklungshelfer – und die Touristen? Wenn man noch alle dazuzählt, die sich durch ihre Religion in ihren sexuellen Aktivitäten eingeschränkt fühlen – wie zum Beispiel die Moslems aus dem Nahen Osten und aus Malaysia, die zu den eifrigsten Sextouristen Thailands gehören – und all jene, die meinen, sich und der Gesellschaft mit häufigen Abstechern ins Bordell ihre Männlichkeit beweisen zu müssen?

Nein, »alle« sind es gewiß nicht, aber wohl doch so viele, daß die meisten Untersuchungen sich mit dem Phänomen des Kunden nicht recht abgeben mögen. Dabei gäbe es ohne die Kunden und ohne die Zuhälter keine Prostituierten. Die Prostitution ist nicht das Problem der Frauen, sondern der Männer, der Kunden und der Zuhälter, die mit diesem »Geschäft« Profite machen. Die Prostitution hat sich aber nicht überall und nicht überall gleich entwickelt, sie ist auch ein Problem der Gesellschaft mit ihren Wertbegriffen und Zielen, die ihrerseits von Geschichte, Religion, Moral und Politik beeinflußt sind.[18]

Die gesellschaftlichen Bedingungen der Prostitution

In der traditionellen Gesellschaft der Dritten Welt waren Prostitution und Frauenhandel zum Teil ganz unbekannt, zum Teil existierten Sklavenhandel und Verkauf oder Schenkung von Frauen sowie verschiedene Formen von Prostitution. Sie waren als religiöse Praktiken verschleiert, wie bei bestimmten untersten Kasten Indiens, wo die ältesten Töchter armer Familien als religiös verbrämte Prostituierte (Devadasis) die Familie ernähren müssen; bei anderen Völkern gab es sie heimlich, sie existierte als »Adultère toléré« wie bei den Bassas im heutigen Kamerun[19] oder im Rahmen der Polygamie oder als Form der Gastfreundschaft. Die Prostitution blieb beschränkt, kontrolliert, meist strengen Normen unterworfen, was sie natürlich für die betroffenen Frauen kaum akzeptabler machte. Ein großes Ausmaß nimmt Prostitution (wie wir sie heute verstehen) in und mit der Dritten Welt erst in unserem Jahrhundert an, vor allem in den letzten 25 Jahren. Die Entwicklung der Prostitution in Lateinamerika, in Asien und Afrika hängt mit der Kolonialisierung durch die Europäer, mit den Kriegen der Europäer in der Dritten Welt, mit der Verstädterung, der Industrialisierung und der Verwestlichung der Dritten Welt zusammen. Trotzdem ist sie nicht in jedem Land entstanden, nicht in jeder Gesellschaft der Dritten Welt zu einem inter-nationalen Problem geworden. Voraussetzung ist eine patriarchale Gesellschaft, welche den Mann höher einschätzt als die Frau und ihm mehr Rechte, ausgesprochene und unausgesprochene, zubilligt. Dann ist die Entwicklung von Prostitution und Frauenhandel auch Auswirkung einer Politik, welche die traditionelle Landwirtschaft vernachlässigt zugunsten einer exportorientierten Gesellschaft und zugunsten der Städte, was eine Verarmung der Landbevölkerung,

Landflucht und Bereicherung der Eliten zuläßt und einen ungebremsten Kapitalismus in den Zentren fördert, während die Sorge für die Armen der Selbstversorgung und der Solidarität der Armen überlassen wird. Zu diesem ungebremsten Kapitalismus gehört in einigen Ländern die Förderung des Tourismus als wichtigsten Devisenbringer und eine aggressive Werbung im amerikanischen Stil.

Frauenhandel zwischen der Dritten Welt und Europa. Neokoloniale Wege

Unter diesen Umständen war es unvermeidlich, daß sich der Handel mit Frauen auch auf Europa und die USA ausdehnte. Die Frauen sind quasi die letzten »Kolonialwaren« des europäischen und nordamerikanischen Konsumangebotes. Es gibt Frauenhändler, die gleichzeitig Geschäfte machen mit Frauen, Drogen, Waffen, Schmuggelware jeder Sorte, andere spezialisieren sich auf Frauen gewisser Länder und bestimmter »Absatzmärkte«, andere auf die Ehevermittlung. Nicht wenige profitieren dabei von Handelswegen, die aus der Kolonialzeit stammen. In den letzten Jahren sind beispielsweise in Spanien verschiedene Fälle von Frauenhandel zwischen der Iberischen Halbinsel und ihren früheren Kolonien in Afrika, Asien und Lateinamerika aufgedeckt worden. Die gemeinsame Sprache und das gemeinsame koloniale Erbe erleichtern die Kontakte und den Ablauf der Geschäfte. Die Frauen werden fast immer mit Aussicht auf eine Arbeit als Künstlerin in Tanzgruppen oder als Hausangestellte zur Ausreise verlockt.

»Argentinierinnen für 1000 Peseten!« »Ein Netz von Mädchenhändlern aufgedeckt – drei Ausländer in Haft unter Anklage der Ausbeutung von philippinischen Mädchen, die zur Prostitution gezwungen wurden.« »Internationale Bande der organisierten Prostitution in Melilla aufgedeckt – Handel mit jungen Mädchen aus Angola und den Kapverden.« »30 Brasilianerinnen zur Prostitution in Spanien gezwungen.«

Die Berichte in der spanischen Presse ähneln jenen, die wir aus Thailand, Pakistan, den Philippinen, der Karibik kennen. Von Spanien aus ist der Handel mit den Frauen aus den früheren Kolonialgebieten leicht organisierbar. In Spanien leben Tausende von Filipinas als oft unterbezahlte Hausangestellte, sie müssen oder wollen ihr Gehalt aufbessern. Andere Mädchen kommen als Touristinnen ins Land oder als Mitglieder von Folklore-Balletten, werden der Prostitution zugeführt, unter strengster Kontrolle gehalten und ausgebeutet. Nach Ablauf der drei Monate, die sich ein Tourist in Spanien aufhalten darf, genügt ein kurzer Abstecher nach Portugal, um die Aufenthaltsbewilligung zu erneuern. In einer Zeitung wurde ein solcher Fall von Frauenhandel zwischen Argentinien und Spanien folgendermaßen geschildert: »Den argentinischen Mafiosi in Salamanca lief das Geschäft wie geschmiert. Die Frauen wurden in Argentinien rekrutiert, man versprach ihnen gute Stellen in Spanien als Hausmädchen, Büroangestellte, Schneiderinnen etc. Nach ihrer Ankunft in Madrid indessen wurden sie sofort nach Salamanca gebracht und auf verschiedene Bars und Nachtklubs verteilt. Flugticketts, Paß, persönliche Papiere wurden ihnen abgenommen, und sie wurden fortan Tag und Nacht von Aufpassern kontrolliert. Ausgehen durften sie nicht, miteinander übers Geschäft reden auch nicht. Nie bekamen sie auch nur eine Pesete zu Gesicht, das Nötigste wurde ihnen gegeben. Um freizukommen, so teilten ihnen die Gangster am ersten Tag mit, mußten sie der Organisation insgesamt 2 400 000 Peseten einbringen. Durch eine Razzia flog der Handel auf, fast zufällig. Die Untersuchungen der Polizei ergaben, daß die im italienischen Gangsterstil operierenden Mafiosi auch mit Drogen handelten. Das Geld, das die vielen Frauen erarbeiteten, teilten sie sich »echt demokratisch« auf: Ein Drittel erhielt der Chef der Bande, ein weiteres Drittel fiel auf die Agenten und die Aufpasser, und mit dem letzten Drittel wurden die allgemeinen Ausgaben bestritten. Wie viele Frauen die Bande nach Spanien vermittelt hat, ist noch nicht bekannt. Um ihre einträglichen Geschäfte nicht zu verlieren, schreckten sie vor nichts zurück: Ein Mann, der einigen der Mädchen helfen wollte, wurde mit Dolchen lebensgefährlich verletzt.«[20]

Die Recherchen der Polizei und der Presse ergaben, daß Mädchen aus Angola, den Kapverden, Brasilien, den Philippinen, Argentinien, Paraguay etc. in der spanischen Prostitution arbeiten. Rekrutiert werden sie meist von Landsleuten, oft auch von Frauen, die zuvor dasselbe Schicksal erlitten hatten. In Spanien operieren offenbar seit Jahren internationale Zuhälterringe; die einzelnen Fälle, die entdeckt wurden, weisen auf das Ausmaß hin.

Hier einige weitere Beispiele:

»56 Personen sind im Verlauf einer Polizeiaktion gegen eine internationale Organisation verhaftet worden, welche mit illegaler Immigration und Prostitution Geschäfte macht. Aus den Aussagen der Verhafteten ging hervor, daß sie ein Teil eines großen internationalen Netzes sind, das junge Afrikanerinnen aus Angola und den Kapverden auf illegale Weise via Portugal nach Spanien holte ... Hier wurden die Mädchen in Tanzlokalen angestellt, wo sie unter dem Deckmantel von erotischen Balletten, darunter zum Beispiel die ›African Show‹ und der ›Tulipan Negro‹ zur Prostitution gezwungen wurden.«[21]

»Drei Ausländer sind unter dem Verdacht verhaftet worden, junge Mädchen aus den Philippinen nach Spanien gelockt und zur Prostitution gezwungen zu haben, wobei die Ausbeuter über zehn Millionen Peseten Gewinn gemacht haben ... Während der Untersuchung galt es vor allem, den Mädchen die Angst zu nehmen und sie dazu zu bringen, daß sie in der Situation, in der sie sich befanden, Anklage erhoben. Nach ihren Aussagen wurde eine große Anzahl philippinischer Frauen, Arbeiterinnen oder Studentinnen, mit keiner oder nur ganz begrenzter künstlerischer Ausbildung, für pseudofolkloristische Tanzgruppen verpflichtet und in verschiedene Länder geschickt. Ihre wirkliche Arbeit ist es, den Gästen in den Tanzlokalen, wo sie beschäftigt sind, Gesellschaft zu leisten; sie führen zwar der Form halber irgendeine kleine Tanzszene auf, dann müssen sie aber ›nett‹ mit den Kunden sein, damit diese so viel wie möglich trinken ... Die meisten haben kein festes Salär, während ihre Ausbeuter 3500 bis 4000 Peseten pro Person und Tag Gewinn machen ... Die Filipinas waren über Iran, Irak, Syrien, Libanon, Griechenland und Zypern nach Spanien gekommen. In allen diesen Ländern hatten sie in schlechten Lokalen auftreten müssen. In Spanien lebten sie unter erbärmlichen Bedingungen, zum Beispiel zu fünft in einem einzigen Zimmer ... Wenn sie den Vertrag vor Ablauf von zwei Jahren auflösen wollten, mußten sie 5000 Dollar bezahlen. Da sie keinen Lohn erhielten, war die Prostitution das einzige Mittel, zu irgendwelchen Einkünften zu kommen.«[22]

»Rund dreißig junge Brasilianerinnen im Alter von 18 bis 20 Jahren sind von einer internationalen Bande, die mit schwarzen und weißen Frauen handelt, nach Spanien geschleppt worden, wo sie heute in verschiedenen Städten leben, ihrem Schicksal überlassen und gezwungen, ihren Lebensunterhalt durch Prostitution zu verdienen. Die spanische Polizei und Interpol setzen ihre Untersuchungen über diesen illegitimen Handel mit Frauen fort; sie stützen sich dabei auf die Aussage von einigen dieser Frauen, denen die Flucht gelungen war ... Alle waren mit der Aussicht auf eine rasche und gut bezahlte künstlerische Karriere nach Spanien gelockt worden ... Vor der Abreise mußten die Brasilianerinnen einen Künstlervertrag unterzeichnen, in dem ausdrücklich stand, daß sie sich allen Anforderungen ihrer Arbeitgeber zu unterwerfen hätten. Erst später wurde ihnen bewußt, daß diese Anforderungen das Begleiten der Gäste miteinschloß.«[23] Auf ähnlichen neokolonialen Wegen gelangen Frauen aus anderen Ländern der Dritten Welt in die früheren »Mutterländer«, nach Frankreich und Großbritannien aus Afrika und Asien, nach Belgien aus Zaire. In Italien werden Tausende von Frauen aus Libyen und Äthiopien, aber auch aus den Philippinen illegal als Hausangestellte und sicher auch in der Sexindustrie beschäftigt, im Nahen Osten leben Hausmädchen aus Sri Lanka, Tänzerinnen und »Frauen auf Zeit« aus Ägypten usw.

Ein junges Mädchen aus Ghana beschreibt ihre Anwerbung auf folgende Weise: »Vor neun Monaten bin ich in Begleitung von fünf Mädchen und sieben Burschen aus Ghana in der Elfenbeinküste angekommen. Wir waren in Ghana von einer Frau namens Grâce Loco für eine Künstlergruppe angeworben worden. Sie sagte uns in Ghana, daß wir zuerst eine

Tournee in der Elfenbeinküste absolvieren und später nach Europa fahren würden. Bei unserer Ankunft in diesem Land haben wir bald gemerkt, daß das alles Lug und Trug ist. Die Frau hat uns zur Prostitution gezwungen und kassiert, was wir verdienen. Wir sind nur noch zu viert, die anderen konnten fliehen. Uns hat sie die Pässe weggenommen, sodaß wir keine Möglichkeit haben, nach Ghana zurückzugehen ... Sie sagte, wir würden später nach Las Palmas reisen ...«[24]

Umgekehrt werden von europäischen Nachtlokalbesitzern in Westafrika Französinnen als Barmaid etc. angestellt, die dann freiwillig oder gezwungen als Prostituierte arbeiten. Die Frauen werden zwischen verschiedenen europäischen und westafrikanischen Städten ausgetauscht.

Militarismus und Sextourismus

Militarismus und Sextourismus sind mitverantwortlich für die Internationalisierung des Frauenhandels, für seine Ausbreitung innerhalb der Kontinente der Dritten Welt, für seine Ausbreitung nach Nordamerika, Australien und Mitteleuropa, in die Schweiz, in die Bundesrepublik, nach Österreich. Drei Monate, nachdem in Vietnam die erste amerikanische Militärbasis gebaut worden war, nannte man Saigon bereits »Sin City«, Stadt der Sünde. In Thailand waren zwischen 1966 und 1974 rund 320 000 amerikanische Soldaten stationiert, fast ebenso viele kamen als Kurzurlauber zur Erholung in dieses Land.[25] Rund um Militärstützpunkte entstanden sogenannte »Rest-and-Recreation-Areas«, Bordelle und Vergnügungslokale, wo sich die Soldaten von der Front erholten. In den Philippinen existieren solche Militärstützpunkte mitsamt der Bordellunkultur immer noch. In den amerikanischen Basen »Clark Air Field« und »Subic Naval Base« sind 20 000 amerikanische Soldaten stationiert, nahebei, in den Städten Olongapo und Angeles, leben über 15 000 registrierte »hospitality girls« und Tausende von Straßenprostituierten, welche fast ausschließlich die Amerikaner bedienen. Wenn die Soldaten gehen, lassen sie Krankheiten und GI-Babies zurück.

Wer in der Sexindustrie von Angeles und Olongapo eine

Stelle als Tänzerin oder Kellnerin oder Go-go-Girl will, braucht ein Gesundheitszeugnis. Die Untersuchung wird jede Woche wiederholt, durchgeführt wird sie von den städtischen Gesundheitsämtern. Damit wollte man bisher vermeiden, daß sich Geschlechtskrankheiten ausbreiten. Seit zwei Jahren werden von den Behörden in Zusammenarbeit mit den Amerikanern auch Aidstests gemacht, die bis April 1987 36 Virusträgerinnen ergaben. Auch die amerikanischen Soldaten werden jetzt systematisch auf Aids geprüft, und wer Virusträger ist, darf im Ausland keinen Dienst tun.

Aber die Tests in den Philippinen werden nur alle sechs Monate durchgeführt, was geschieht inzwischen? Sie werden nur bei den registrierten Hospitality-girls gemacht, was geschieht mit den anderen? Und was ist mit den Touristen? Werden die Behörden auch von den Touristen ein Gesundheitszeugnis verlangen? Filipinas, die in der »Rest and Recreation«-Industrie der amerikanischen Basen arbeiten, haben die amerikanischen Soldaten beschuldigt, sie mit Aids zu infizieren. 500 Frauen haben eine Petition unterzeichnet, in der sie verlangen, daß auch die Soldaten Gesundheitszeugnisse bei sich tragen. Die Bürgerrechtsorganisation *GABRIELA* sammelt Unterlagen, um gegen die amerikanische Regierung zu klagen. Die Organisation verlangt, daß die US-Regierung Aidsopfer in Angeles und Olongapo unterstützt und daß die amerikanischen Basen endlich verschwinden.[26]

Die neueste Attraktion in Olongapo ist »female boxing«. Frauen bestimmter Nachtlokale unterhalten die US-Soldaten mit Boxkämpfen. Weigern sie sich oder kämpfen sie schlecht, müssen sie Strafe zahlen. Als Angestellte eines solchen Lokals (»Casa del Mar«) in den Streik traten, weil der Besitzer das Frauenboxen nicht aufgeben wollte, wurde ein Streikposten erschossen. Die Mörder erklärten, vom Besitzer, einem Deutsch-Amerikaner, angeheuert worden zu sein[27]

Campo Alegre (!) auf Curaçao ist ein andereres Beispiel dafür, wie der Militarismus die Prostitution fördert. Campo Alegre war als Bordell für die Soldaten der Westmächte im Zweiten Weltkrieg eröffnet worden, als die Ölquellen der holländischen Kolonie für die Versorgung der Alliierten eine große

Bedeutung bekamen. Heute funktioniert Campo Alegre als eingezäunte Bordellstadt weiter. Die Frauen, die dort arbeiten wollen – es sind vor allem Dominikanerinnen –, bekommen von den Behörden in Curaçao ein Visum ausgestellt, das nur für die Ausübung der Prostitution und nur für die Dauer des Vertrages gilt. Die Sexarbeiterinnen von Campo Alegre dürfen sich nicht frei bewegen, und der Paß stempelt sie nach ihrer Rückkehr zu Prostituierten. »Dies macht den Staat zum Zuhälter und Nutznießer des Handels mit Sexualsklavinnen«, stellt die Anthropologin Christina Cavalcanti von Santo Domingo fest.[28]

Nach den Soldaten kamen die Touristen. 1983 reisten laut der Welt-Tourismus-Organisation (WTO) etwa 30 Millionen Touristen in Entwicklungsländer. Weltweit sind ganz bestimmte Länder und Regionen der Dritten Welt Ziele des Sextourismus geworden. Dazu gehören in Südoastasien Thailand, die Philippinen, Sri Lanka, Teile Indiens, Taiwan, Macao, Südkorea; in Lateinamerika die Karibik und Brasilien; in Afrika Tunesien, Kenya, Senegal, Gambia, Togo und gewisse Anrainerstaaten Südafrikas. (Einen rassistischen und neokolonialistischen Sextourismus praktizieren jene weißen Südafrikaner, die übers Wochenende ins Sun City Hotel nach Boputhatswana fahren, wo ihnen schwarze Frauen, Alkohol und das Glücksspiel geboten werden.) Die Sextouristen kommen meistens aus Westeuropa, Nordamerika, Australien, aus dem weißen Südafrika, aus den Ölländern des Nahen Ostens und aus Japan.

Die Japaner gehören zusammen mit den amerikanischen Soldaten zu den Wegbereitern des modernen Sextourismus. Massen von japanischen Touristen, es sind zu 90 Prozent Männer, suchen seit Jahren asiatische Länder heim, wo billige Mädchen zu haben sind, vor allem Südkorea, Taiwan, Hong Kong, die Philippinen, Thailand und Singapore. Japaner können sich hier wie zu Hause fühlen, überall zirkulieren japanische Autos, überall werden japanische Konsumgüter jeder Art verkauft. Viele Sexetablissements sind japanisch angeschrieben. »Hospitality-Girls« in den Philippinen spezialisieren sich auf japanische Männer, Kinder bieten sich und ihre

Geschwister auf japanisch an. Die Sexinvasion ist Teil der ökonomischen Invasion. »Lieber japanischer Reisebürovertreter, kennst Du das Wort ›Scham‹? Bitte vergiß nicht, daß ein Teil Deines Salärs, Deines Gewinns und Deiner Dividenden vom Geld stammt, das von japanischen Touristen Frauen abgenommen wird, die ihre Körper verkaufen müssen.« Dieses Inserat eines taiwanischen Reisebürovertreters erschien so lange in einer japanischen Tourismuszeitschrift, bis es der Herausgeber unter Druck seiner Abonnenten nicht mehr publizierte.[29]

In den siebziger Jahren erlebte der »Kisaeng-Tourismus« der Japaner einen richtigen Boom. Der harte Yen und das zehnmal höhere Durchschnittseinkommen seiner Bewohner machten es möglich, und die Industrie förderte diese Form der Entspannung. Neben zahllosen Reisebüros, die sich auf »packagetours sex included« spezialisierten, sind auch Fälle bekanntgeworden, wo Arbeitgeber tüchtigen Angestellten eine Sexreise ins nahe Ausland bezahlten. Als Gratifikation sozusagen.

Auf über 300 000 – dreimal mehr als 1978 – schätzt die Föderation der *South Korean Christian Women* die Zahl der Koreanerinnen, die sich in Südkorea als Kisaeng betätigen.[30] Dies ist heute gleichbedeutend mit Prostitution. Ursprünglich waren die Kisaeng intellektuell und künstlerisch gut ausgebildete Damen, deren Beruf die gehobene Unterhaltung darstellte. Doch dies ist lange her. Heute gibt es Kisaeng-Kurse durch die staatliche Tourismusvereinigung, in denen unter anderem betont wird, wie wichtig es sei, daß die Kisaeng dem Land Devisen bringen. Prostitution wird zur patriotischen Tat. Koreanerinnen, die diese Kurse absolviert haben, erhalten die Lizenz A und werden in der Regel in einem Kisaeng-Haus oder einem traditionellen Restaurant registriert, wo die vor allem von den japanischen Touristen gesuchten und geschätzten Kisaeng-Parties stattfinden. Heute sind sie in der Regel kaum etwas anderes als die Begegnung zwischen Prostituierten und Kunden. Mit ihrer Lizenz kann Kisaeng jederzeit Kunden in ein Hotel begleiten oder dort besuchen. In ihrem Ausweis steht, daß sie »ausländische Touristen betreuen darf«. Die größere Zahl der koreanischen Prostituierten indessen arbeitet in Bordellen und wird durch ein gutorganisiertes Netz von Zuhältern und Gangstern gehandelt. Auch diese Prostituierten bekommen eine Lizenz, die Lizenz B. »Durch die Ausgabe der Lizenzen fördere sie systematisch die Prostitution«, wirft die Föderation der Südkoreanischen Christlichen Frauen der Regierung vor. Weitaus die größte Zahl der ausländischen Sextouristen kommt aus dem Nachbarland Japan.

In einem Aufsatz über »Economy and Psychology of Prostitution« schreibt die japanische Journalistin Payori Matsui:

»Es ist ein einzigartiges Phänomen in der Weltgeschichte, daß Hunderttausende von Männern in Gruppen ins Ausland reisen, um Prostituierte zu kaufen. Diese Art von Gruppentourismus ist möglich geworden erstens durch die Entwicklung eines Massentransportsystems wie beispielsweise die Jumbo-Jets, zweitens durch die Entwicklung einer Hotel- und Vergnügungsindustrie, die vom internationalen Kapital beherrscht wird, und drittens durch ein internationales Verkaufssystem für Reisen in alle Welt aufgrund von modernsten technischen Anlagen und Kapital, deren Symbole die Konstruktion großer moderner Flughäfen sind. Es ist keine Übertreibung, wenn wir behaupten, daß der neue Narita-Flughafen nötig wurde, um die stets ansteigende Zahl von Sextouristen abfertigen zu können. Ohne diese Art von Reisen würde sich die Zahl der Japaner, die ins Ausland reisen, auf die Hälfte verringern und der alte Haneda-Flughafen wäre leicht mit dem ganzen japanischen Flugverkehr fertig geworden.

Diesen Problemen zugrunde liegt der überwältigende Unterschied zwischen der ökonomischen Macht Japans und jener der südoastasiatischen Länder; das Bruttosozialprodukt beträgt in Japan pro Kopf der Bevölkerung 7000 Dollar gegenüber 700 Dollar und noch weniger in den südostasiatischen Ländern. Die Behauptung, daß jeder männliche Tourist, wo immer er herkomme, die gleiche Haltung gegenüber Prostituierten einnehme, übersieht die Realität der ökonomischen Unterschiede zwischen diesen Ländern. Es ist im Moment kaum möglich, daß Männer aus Südkorea oder Thailand in Gruppen Erstklasshotels in Tokio belegen würden. Gruppenreisen zum Zweck der Prostitution sind eine Form von Sexinvasion, die ganz eng zusammenhängt mit der ökonomischen Invasion. Mit anderen Worten, die Zunahme des ›Kisaeng-Tourismus‹ entspricht der ökonomischen Invasion durch Japan, gefördert beispielsweise in der Form der japanisch-koreanischen Zusammenarbeit, deren Handel der Körper von armen Frauen miteinschließt. Dies ist der Grund, weshalb ich den internationalen Sextourismus als ein Problem der politischen Ökonomie ansehe, das heißt als ein Teil der Logik nationaler politischer Entscheidungen und des Kapitals, und nicht als eine schiere Frage moralischer Philosophie, die sich mit der Moral von Individuen beschäftigt.«[31]

In Südostasien führte der Sextourismus der Japaner zu einem zuerst spontanen, dann organisierten Protest gegen diese Form von Ausbeutung. Frauengruppen, vor allem in den Philippinen und in Thailand, nahmen die Reise des japanischen Premierministers Suzuki im Januar 1980 zum Anlaß, um gegen den japanischen Sextourismus zu protestieren. Die Proteste hatten zunächst Erfolg. Es entstanden verschiedene Gruppen, deren Ziel der Kampf gegen den Frauenhandel wurde, das Problem wurde in mehreren Parlamenten aufgeworfen, und die organisierten Sexreisen der Japaner gingen vorübergehend zurück. Der Handel von Frauen Richtung Japan nahm indessen eher zu.

Was die japanische Journalistin über den Sextourismus ihrer Landsleute sagt, gilt auch für den Sextourismus der Europäer, der Australier und der Nordamerikaner. Seit Jahren fliegen Flugzeuge voller Männer aus der Schweiz, aus der Bundesrepublik Deutschland, aus Holland, Italien, den USA, Australien usw. nach Thailand, den Philippinen, Sri Lanka, nach Kenya, Gambia, Tunesien, nach Brasilien und der Dominikanischen Republik. Touristen, Geschäftsleute, »étrangers en mission« profitieren von dem lokalen Angebot an Frauen. Die Reiseunternehmen haben ihre Sexhotels und inserieren sie auch in den Katalogen von 1986/87, trotz Aids, dementsprechend. Zum Beispiel Touropa unter dem Stichwort »Baden in Pattaya«: »Bitte beachten Sie, daß die ostasiatische

Mentalität einen freizügigen Lebensstil toleriert. Familien bevorzugen daher unsere anderen Hotels.« Aber auch in Ländern, die für Sextourismus weniger berüchtigt sind, wie zum Beispiel Ägypten, melden Untersuchungen eine Zunahme der Hotelprostitution oder in Mauritius einen »sozialen Zerfall ohnegleichen« durch die Zunahme von Prostitution und Drogenkonsum in der touristischen Boom-Siedlung Grand-Baie.[32]

Sexreisen in die Dritte Welt – warum machen das Männer eigentlich? Interessiert an den Ursachen des Frauenhandels in allen seinen Formen, an seinem Funktionieren und an seiner Abschaffung sind in erster Linie Frauen. Einige wenige haben versucht, westliche Touristen nach ihren Gründen für Sexreisen zu befragen. Es kam nicht viel heraus, Männer können und wollen Frauen wohl keine Auskunft geben über ein solches Thema, vielleicht wissen sie es auch selbst nicht recht. Beobachterinnen hüben und drüben sind sich einig in der Vermutung, daß viele westliche Männer verunsichert sind durch die Emanzipationsbestrebungen ihrer Frauen, daß sie sich nicht mehr stark fühlen und ihre Männlichkeit als bedroht empfinden. In der Dritten Welt begegnen sie Frauen, die ihnen diese männliche Überlegenheit lassen, ihnen bestätigen, daß sie besser, weil sie Männer sind.

Gewisse Länder Südostasiens sind zum »Paradies« für Pädophile und Homosexuelle geworden. Dazu gehören Thailand, die Philippinen, Sri Lanka. »Stadtpläne für Männer« geben an, wo man »sehr hübsche junge Knaben« finden kann, Prostitutionsführer preisen minderjährige Mädchen an (»Stadtplan für Männer«, Bangkok; »Käufliche Liebe in Südostasien«, beide Monika Dülk Verlag, Berlin). Auch ganz kleine Kinder sind von diesem üblen Geschäft der Touristen nicht ausgenommen. Manila ist ein bevorzugtes Ziel westlicher und japanischer Touristen, die es auf kleine Kinder abgesehen haben. Die Kinder auf dem Straßenstrich sind zwischen 7 und 16 Jahre alt, manche auch jünger, Buben und Mädchen. Zentren der Kinderprostitution sind die Touristenviertel von Manila, Ausflugsorte wie Pagsanjan und Inseln mit touristischer Infrastruktur sowie die Militärbasenstädte

Angeles und Olongapo. Während in Thailand die Kinder vor allem in einheimischen Bordellen arbeiten, sind ihre Kunden in den Philippinen Westeuropäer, Amerikaner und Australier. Zwischenhändler jeder Sorte verdienen an den Kindern, ganze Familien leben von ihnen. Es sind über 20000 Kinder allein in Metro-Manila, die Opfer sind von Menschenrechtsverletzungen und Ungerechtigkeiten jeder Art. »Du kriegst halt einen Haufen Geld, die Arbeit ist einfach, und du kommst so leicht dazu. Darum tue ich das«, sagt der 16jährige Ferdie von Batangas, der auch schon als Zuhälter arbeitet.[33] Ferdie erzählt dem Interviewer, daß er durch die »Manila Boys«, welche die Touristen herumführen, auf diese Einkommensquelle aufmerksam geworden sei. Manche Kinder arbeiten auf eigene Rechnung, die meisten werden von Zuhältern und Ringchefs ausgebeutet. Ein Team des »Inter-Institutional-Consortiums«, ein Zusammenschluß verschiedener Colleges und Universitäten der Philippinen, berichtete im Juli 1984 über seine Untersuchungen unter Kindern im »tourist-belt« von Ermita-Manila: »Der Chef eines Sexrings bringt die Kinder in einer sogenannten ›casa‹ unter, von wo aus sie dann von den Zuhältern den Touristen offeriert werden. Ein ganzes Netz von Zuhältern, Hotelangestellten, Fremdenverkehrsbüros und Reiseunternehmen erleichtert den Touristen den Zugang zu den Kindern. Wenn der Zustrom der Touristen abnimmt, rennen die Kinder selbst hinter ihnen her und bieten ihre Dienste an. Viele Kinder werden von ihren Eltern zur Prostitution gezwungen, die ihnen auch immer wieder gut zureden, damit das Einkommen für die Familie gesichert ist.«[34]

Die Haltung der früheren philippinischen Regierung war genauso zwiespältig dem Problem der Prostitution gegenüber wie diejenige in Thailand. Die Prostitution ist in dem katholischen Land streng verboten. Die Regierung prangert einerseits den Kinder- und Frauenhandel an und zögert gleichzeitig, den Sextourismus, diese wichtige Devisenquelle, durch allfällige Maßnahmen einzuschränken. Bereitschaft zeigt sie höchstens in bezug auf die Kinder. Aber was sollen strengere Gesetze, solange die sozialen Mißstände bestehenbleiben und Regierungen lieber in den Tourismus investieren als in die

Menschen? Gehört der Sextourismus zum Frauenhandel? Für mich ja. Auch wenn Frauen in der Dritten Welt, die mit Touristen arbeiten, manchmal ohne ersichtlichen Zwang diese Erwerbstätigkeit wählen, dann steht doch hinter fast allen Frauen eine Lebensgeschichte, deren Fäden geknüpft sind aus Armut, aus mangelnder Ausbildung, aus Chancenlosigkeit und aus seelischen Notlagen wie der Verlust der Eltern, des Mannes oder des Freundes. In aller Regel müssen diese Frauen für Familienangehörige und eigene Kinder sorgen. Dann ist auch das Geschäft zwischen den Frauen und ihren Kunden aus dem reichen Ausland kein Handel unter Gleichen. Frauen stehen unter starkem ökonomischem Druck, die Konkurrenz ist groß, sie können nur begrenzt wählen, wenn überhaupt. Und schließlich investieren die Frauen mehr als die Männer. Sie riskieren, von der Polizei schikaniert, bestraft, eingelocht und von der Gesellschaft geächtet zu werden. Sie riskieren ihre Liebesfähigkeit, wenn sie in der Hoffnung, den Mann des Lebens unter den Touristen zu finden, immer wieder enttäuscht werden. Manche riskieren ihr Leben.

Europa: Hoffnung und Enttäuschung

Die Touristen schufen in ihren Ländern eine Nachfrage nach Frauen aus der Dritten Welt, nach Go-go-Girls, Freundinnen, Ehefrauen. Manche Touristen nahmen die Freundin aus dem Sexurlaub mit nach Europa, und wenn sie genug von ihr hatten, schickten sie sie wieder zurück. Viele Tänzerinnen in der Dritten Welt freuen sich über einen Abstecher nach Europa, weil er ihnen Abwechslung und Prestige bringt. Aber nicht immer endet er gut. Ins Zürcher Frauenhaus wurde die karibische Freundin eines Touristen gebracht, die offensichtlich mißhandelt worden war und die so stark unter Drogen stand, daß sie tagelang nicht aussagen konnte. Später erzählte sie, ihr Freund hätte sie eingesperrt und geschlagen. Nachbarn halfen ihr zur Flucht. Im Kanton Bern wurde der Fall eines Kegelbruders bekannt, der eine Frau aus Asien mitgenommen hatte und sie reihum bei den anderen Kegelbrüdern »zirkulieren« ließ. Eine Sozialarbeiterin in St. Gallen berichtete von einer Frau, die als »Braut« von einem Touristen aus einem Dritte-Welt-Land in die Schweiz gebracht worden war und die der »Bräutigam« nach kurzer Zeit mit ihrem Koffer einfach vor die Haustüre setzte. Manche Touristen heiraten ihre Freundinnen; oft enden diese Ehen mit einer Scheidung, worauf die betreffenden Frauen häufig genug in der Sexindustrie landen, weil sie außer ihrem Körper nichts anzubieten haben, um ihren Lebensunterhalt zu verdienen. Zurückzugehen verbietet ihnen der Stolz und auch die Verpflichtung, für die Familie zu Hause zu sorgen.

Mitte der siebziger Jahre kam das Geschäft mit den Frauen aus der Dritten Welt so richtig in Gang. Immer mehr Frauen aus Asien, aus Afrika und aus Lateinamerika wurden in die Sexindustrie der reichen Industrieländer vermittelt, als Go-go-Girls, Tänzerinnen, Prostituierte. Heiratsvermittlungsinstitute schossen in Nordamerika, in der Bundesrepublik, in der Schweiz wie Pilze aus dem Boden. Der Handel aus der Dritten Welt nach Europa läuft ähnlich wie der zwischen den Ländern der Dritten Welt. Frauen werden von einzelnen Agenten aus dem Westen direkt in ihren Heimatländern rekrutiert, oder sie werden durch Ketten von Händlern, die über gute Beziehungen zu den Behörden verfügen, nach Westeuropa vermittelt. Zwischenstationen sind manchmal Umschlagplätze wie Zypern und südeuropäische Länder wie Griechenland oder Spanien. Für Paß, Reise und Arbeitsbewilligung müssen die Frauen hohe Summen bezahlen oder sie später in Europa abarbeiten. Jene, welche illegal arbeiten, sind der Willkür ihrer »Arbeitgeber« besonders ausgeliefert. Es kommt immer wieder vor, daß solche Frauen von einem Tag auf den andern und ohne Geld in ihre Heimatländer abgeschoben werden. Anderen gelingt es, in einem neuen Lokal oder in einem neuen Land unter besseren Bedingungen zu arbeiten.

Längst kommen die Frauen aber auch von selbst, besonders jene, die in ihren Heimatländern mit Ausländern aus dem Westen zu tun hatten. Sie kommen als Touristinnen, wobei sie ihr Erspartes für die Reisekosten aufwenden oder sich verschulden, sie kommen mit Hilfe von Freundinnen und Schwestern, die bereits in Übersee arbeiten oder hier verheiratet sind, mit Hilfe von Verwandten, Bekannten, Touristen. Sogar innerhalb Europas werden junge Frauen, die aus der Dritten Welt stammen und zum Teil bereits in der zweiten und dritten Generation in Europa leben, durch Agenten und in speziellen Zeitungen für die Sexindustrie rekrutiert. In London beispielsweise wurden junge Mädchen jamaikanischer Herkunft auf diese Weise in die Bundesrepublik gelockt. Meistens werden den Frauen Stellen als »Hostessen« versprochen, als Tänzerinnen mit Künstlergagen, als »receiptionists«, als Photomodelle etc. Manche wissen, was sich dahinter verbirgt, woraus ihre wirkliche Arbeit bestehen wird, andere sind erstaunlich leichtgläubig. Auch im Handel mit Frauen aus der Dritten Welt nach Europa gibt es solche, die unwissentlich in das Sexgeschäft hineingetrickst werden, und solche, die aus eigener Entscheidung eine Arbeit in der Sexindustrie des Westens suchen.

Charakteristisch ist die folgende Zeitungsmeldung:

»Tänzerinnen zur Prostitution gezwungen
MÜNCHEN (dpa). Die bayerische Kriminalpolizei ist einem internationalen Mädchenhändlerring auf der Spur. Sechs Männer stehen im Verdacht, sieben Frauen aus Brasilien, der Dominikanischen Republik und aus Kolumbien in die Bundesrepublik gebracht und zur Prostitution gezwungen zu haben. Die Frauen im Alter von 21 bis 30 Jahren waren bei der Durchsuchung eines Nachtlokals in Gaimersheim im Landkreis Eichstätt festgenommen worden, wo sie ohne Aufenthaltsgenehmigung als Animiermädchen und Prostituierte arbeiteten. Drei der Tatverdächtigen, ein Grieche, ein Jugoslawe und ein Deutscher, sind in Untersuchungshaft. Noch flüchtig sind zwei Griechen im Alter von 36 Jahren. Der Haftbefehl gegen den sechsten Verdächtigen, einen Deutschen, wurde gegen Auflagen außer Vollzug gesetzt. Nach Angaben der Frauen – sechs von ihnen wurden inzwischen abgeschoben – ließen sie sich in ihrer Heimat unter dem Versprechen anwerben, als Folklore-Tänzerinnen in Griechenland bis zu 1000 Dollar im Monat verdienen zu können.«[35]

Die Kataloge der Heiratsvermittlungsinstitute preisen die Frauen mit Bild, numeriert und mit Angaben über Alter, Ausbildung, Hobbies, wie Ware an, oft in einer rassistischen und sexistischen Sprache. Die meisten fungieren auch gleichzeitig als Reiseagentur für heiratswillige Männer, manche arrangieren sogar die Hochzeit mit allem Drum und Dran, oft zu weit überzogenen Preisen.

Unter den Vermittlern gibt es auch ausgekochte Gauner. Dies mußte ein Mann in Zürich erfahren, der sich für die versprochene Vermittlung einer philippinischen Braut von einem »Dolmetscher« in der BRD 8270 DM »Unkostenpauschale« im voraus abknüpfen ließ. Als über ein Jahr lang kein Kontakt mit einer Frau zustande kam, riß dem Mann die Geduld, und er fand in Zürich selbst eine Filipina, die er heiraten konnte. Der »Dolmetscher«, der keine belegbare Leistung vorweisen konnte, wollte den inzwischen verheirateten Mann mit einer Rückerstattung von lediglich 4000 DM abspeisen. Ihn gerichtlich zu belangen, erwies sich als langwierig und schwierig.[36]

Nicht alle sogenannten Heiratsvermittlungsagenturen beschränken sich auf Heiratsvermittlung, einige handeln mit Pornographie oder sind ein Deckmantel für das Prostitutionsgeschäft. 1986 wurde in der Schweiz, in Fribourg, ein Mann wegen Zuhälterei verurteilt, der Mauritierinnen im Hinterzimmer eines Cafés zur Prostitution anbot. Er war durch einen aufwendigen Lebensstil und durch seine häufigen »Geschäftsreisen« nach Mauritius aufgefallen. Der Mann, der selbst mit einer Mauritierin verheiratet ist, hatte eine Heiratsvermittlung aufgezogen – übrigens nicht als einziger! –, seine Kunden waren vor allem Kleinbauern, Handwerker etc. aus dem Waadtländer und dem Freiburger Hinterland. Bei seiner Verhaftung war er in Kontakt mit über hundert heiratswilligen Frauen aus Mauritius, die er in die Schweiz vermitteln wollte. Auch weitere Ehemänner von Mauritierinnen wurden dringend verdächtigt, ihre Ehefrauen zur Prostitution angehalten oder sie mißhandelt zu haben.[37]

Mit Europäern verheiratete Frauen haben in den Heimatländern ihrer Ehemänner weniger, in der Schweiz, wo sie durch Heirat sofort Schweizerinnen werden, überhaupt keine gesetzlichen Probleme. In der Schweiz können sie dann auch als Prostituierte arbeiten. Diese Möglichkeit machen sich die Zuhälter und Frauenhändler ebenfalls zunutze.

Der ökonomische Druck und die Geringschätzung der Frauen

Die Armut der armen Leute in der Dritten Welt nimmt ständig zu. Zu ihnen gehören Kleinbauern, landlose Bauern, Landarbeiter und die Slumbewohner der großen Städte. An ihnen sind die Anstrengungen der Entwicklungspolitik vorbeigegangen, sie haben heute noch weniger zu essen, noch weniger Chancen als vor Beginn der internationalen Entwicklungsstrategien. Die Erfolgsmeldungen der Regierungen, der UNO-Organisationen, der Wirtschaft und der internationalen Finanzinstitute über zunehmende Wachstumsraten übersehen, daß immer mehr Menschen an den Rand der Gesellschaft gedrängt werden und an der Entwicklung nicht teilhaben. Der Graben zwischen den Ärmsten und den übrigen wächst auch innerhalb der Drittweltländer. Die Vernachlässigung der Landwirtschaft und die Mißachtung der herkömmlichen Produktionsformen zugunsten von westlichen Wachstumsmodellen hatten und haben fast überall in der Dritten Welt zu Landflucht, zur Vergrößerung der Slums rund um die Städte und zu Massenarbeitslosigkeit geführt. Die modernen Technologien machen die Arbeit der Armen überflüssig, statt sie zu erleichtern.

Arbeitslosigkeit gibt es heute in der ganzen Welt, und es ist oft schwer, sie in Zahlen zu erfassen. Versteckte Arbeitslosigkeit von Frauen oder von jungen Leuten, die gar nicht erst eine Stelle suchen, weil sie die Aussichtslosigkeit des Marktes kennen, breitet sich in armen und in reichen Ländern aus. Aber was helfen Zahlen, wenn immer mehr Menschen brotlos werden? Asien ist von der Massenarbeitslosigkeit besonders betroffen. Fast jeder zweite Erwachsene im erwerbsfähigen Alter hat keine Stelle. Wer kann, sucht Arbeit in der Fremde. Hunderttausende von Taiwanesen, Filipinos, Thais, Indonesiern arbeiten als Fremdarbeiter im Ausland, vor allem in den Öllländern des Nahen Ostens, aber auch in Westeuropa, in den USA, in Kanada. Tausende von Filipinas arbeiten im We-

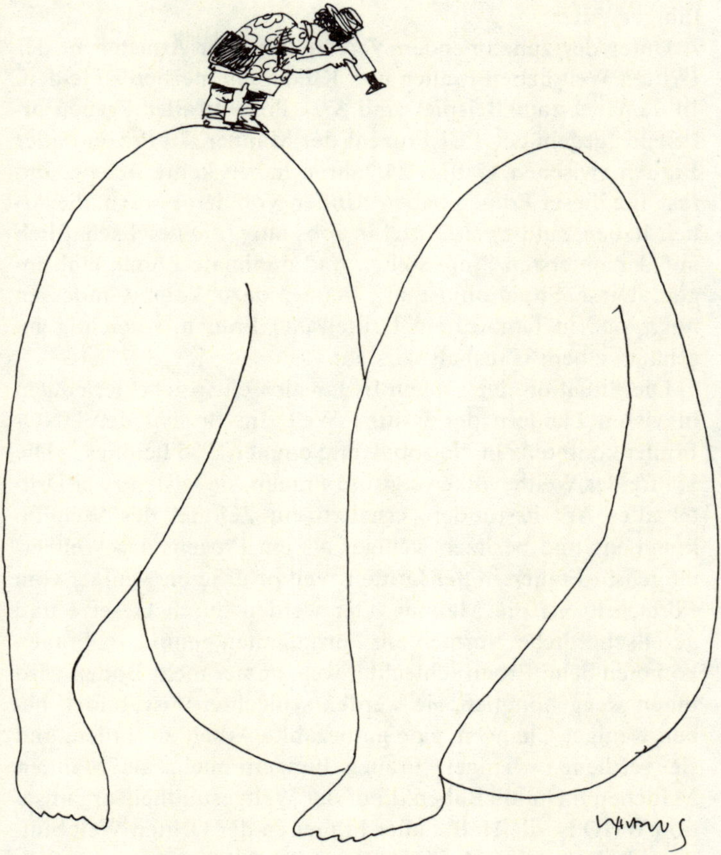

sten in Krankenhäusern, wo Ärzte ihre Kompetenz, Patienten ihre Freundlichkeit schätzen, Zehntausende arbeiten als Hausangestellte in Asien, Europa, Amerika. In gewissen Regionen der Dritten Welt, zum Beispiel im Nordosten Thailands, entleeren sich ganze Dörfer von Männern im erwerbsfähigen Alter.

Unter der zunehmenden Verelendung der Ärmsten in der Dritten Welt haben Frauen und Kinder am meisten zu leiden. In Jamaica zum Beispiel sind 37,7 Prozent aller Frauen arbeitslos gegenüber 15,7 Prozent der Männer. 70 Prozent aller Frauen zwischen 17 und 24 Jahren haben keine Arbeit, und fast alle dieser Frauen haben Kinder. Von den Frauen, die Arbeit haben, sind zwei Drittel in Jobs tätig, die gesellschaftlich auf der untersten Stufe stehen und minimale Löhne einbringen. Diese Situation ist arg genug, dazu kommt indessen noch, daß in Jamaica ein Drittel aller Frauen, vorsichtig geschätzt, einem Haushalt vorsteht.

Die Situation der Frauen in Jamaica entspricht derjenigen in vielen Ländern der Dritten Welt. Im Bericht der UNO-Frauenkonferenz in Nairobi vom Sommer 1985 heißt es: »Die Hälfte der Weltbevölkerung sind Frauen, sie leisten zwei Drittel aller Arbeitsstunden, erhalten ein Zehntel des Welteinkommens und besitzen weniger als ein Prozent des Weltvermögens.« Frauen in der Dritten Welt profitieren weniger vom Fortschritt als die Männer oder werden durch Gesetze und gesellschaftliche Normen am Fortkommen gehindert. Frauen kommen beim Erben schlechter weg, immer mehr Boden wird ihnen weggenommen, sie werden schlechter ausgebildet, haben weniger Chancen, eine gutbezahlte Arbeit zu finden, und sie verdienen weniger. Frauen hungern mehr als Männer, Mädchen mehr als Buben. Laut der Weltgesundheitsorganisation WHO ist die Hälfte aller Frauen in der Dritten Welt blutarm als Folge des Mangels eines oder mehrerer unentbehrlicher Nahrungsstoffe. Frauen auf dem Land sind häufiger isoliert, Analphabetentum, sprachliche Unterschiede, soziale Tabus und das Fehlen von Kommunikationsnetzen behindern ihre Entwicklung. Dazu kommt die nicht meßbare geringe Wertschätzung, die Frauen in patriarchalischen Gesellschaften genießen. Da Frauen in der Dritten Welt mehrheitlich für die Landwirtschaft zuständig sind, wirkt sich ihre Diskriminierung direkt auf die Versorgung ihrer Familien aus. Afrikanische Bäuerinnen haben sich auf der Konferenz in Nairobi bitter beklagt, daß sie keinen Zugang zur Fortbildung im landwirtschaftlichen Sektor und zu Krediten haben, und daß ihre Regierungen nur die landwirtschaftliche Produktion für den Export fördern, welche den Händen der Männer liegt. Als Arbeiterinnen in der Industrie verdienen Frauen nicht nur weniger als die Männer – Hungerlöhne, die nicht einmal ihnen selbst ein Überleben garantieren –, sondern sie sind demütigenden Arbeitsbedingungen ausgesetzt.

Evelyn Hong, eine Soziologin aus Malaysia, gibt folgenden Eindruck von der schlechten Lebenssituation der Frauen in Südostasien: »Immer mehr Frauen sind allein für ihre Familien verantwortlich, als Folge vonTrennung, Todesfällen, der Abwanderung ihrer Ehemänner als Fremdarbeiter ins Ausland oder der männlichen Arbeitslosigkeit. Die Verantwortung für das Überleben der Familie liegt allein auf den Schultern der Frauen. Da Frauen aber eine schlechtere Schulbildung haben, sind ihre Aussichten auf gute Stellen oder eine Zusatzausbildung auch immer schlechter. Von früh auf werden Knaben in Schule und Ausbildung bevorzugt. Wenn Eltern zu Hause Hilfe brauchen, werden immer zuerst die Mädchen von der Schule weggenommen. Die allermeisten Mädchen absolvieren nur die Primarschule, höchstens noch eine Sekundarschule. Auch in der Landwirtschaft haben Frauen immer weniger Chancen, ein Auskommen zu finden. Sie sind deshalb gezwungen, nach anderen Arbeitsmöglichkeiten zu suchen. Viele wandern ab in die Städte, in der Hoffnung, dort eine bezahlte Anstellung zu finden. Manche finden eine Stellung als Hausmädchen, als Fabrikarbeiterin, oder sie machen selbst ein kleines Geschäft auf. Alle diese Jobs sind unterbezahlt, die Frauen, die sie innehaben, werden gering geachtet und haben keine sozialen Sicherheiten. In den Fabriken sind die Frauen Arbeitsbedingungen ausgesetzt, welche ihre Gesundheit unterminieren, sie werden sexuell belästigt und sind dem ihnen unbekannten Lebensstil der Städte ausgeliefert.

Ohne die Unterstützung ihrer Familien finden sich viele nicht zurecht, und sie leiden unter totaler Entfremdung.«[38]

In dieser aussichtslosen Situation erscheint vielen Frauen die Prostitution im eigenen Land oder die Emigration als der einzig gangbare Weg, um sich und die ihren durchzubringen, sei es als Fremdarbeiterin im eigenen Beruf, sei es als Saisonarbeiterin in den Sexindustrien der reichen Industrieländer oder als Ehefrau irgendeines Mannes, der willens ist, sie zu kaufen.

Anmerkungen

1 Goli Kouassi, »La Prostitution en Afrique. Un cas: Abidjan«. Les Nouvelles Editions Africaines, Abidjan 1986, S. 117.
2 »Dawn«, Karachi, 29. 3. 1985.
3 Iyori Naoko, »The Traffic in Japayuki-san«, Japan Quarterly, January-March 1987, S. 86.
4 »El Nacional«, San José, 29. 1. 1984.
5 J. P. Baruel de Lagenest, »La traite des femmes et la prostitution en Amérique Latine«, Revue Abolitionniste, No. 8 Deuxième Semestre 1986, S. 32.
6 Audrine Ballard, »New World Outlook«, Januar 1985.
7 Goli Kouassi, op. cit., S. 121.
8 Goli Kouassi, op. cit., S. 116 ff.; Jyotsna Chatterji, »Le traffic des femmes et des enfants en Inde«, Prostitution: Survivance de l'Esclavage, Rapport du 28e Congrès de la Féderation Abolitionniste Internationale, Vienne 1984, S. 114.
9 Goli Kouassi, op. cit., S. 129.
10 Iyori Naoko, op. cit., S. 85.
11 »Stuttgarter Zeitung«, 31. 7. 1987.
12 Aufgrund der Erhebungen, die der Soziologe Goli Kouassi in der Hauptstadt der Elfenbeinküste, Abidjan, gemacht hat, sind von den rund 10000 Prostituierten die Hälfte minderjährig, zwei Drittel unverheiratet mit Kindern, ein Drittel kann weder lesen noch schreiben. Für ein Drittel der Frauen ist die Prostitution die einzige Einnahmequelle. Der Brasilianer J. P. Baruel de Lagenest weist in seinem Bericht (s. Fußnote 5) auf die hohe Zahl der Kinder von Prostituierten in Lateinamerika hin. Allein in Bogotà sollen es 40000 sein. Sehr viele werden später ihrerseits Prostituierte.

13 Kaesang, »Escort Services: Beyond the small advertisment«, Thai Development, Newsletter, Bangkok, Second Quarter 1986, Volume 4, Number 1, S. 15.
- Paulette Songué, »Prostitution en Afrique. L'Exemple de Yaoundé«, L'Harmattan, Paris 1986, S. 73 ff.
- Goli Kouassi, op. cit., S. 87 ff.
- J. P. Baruel de Lagenest, op. cit., S. 33.

14 »Sex Industry booms in Colombo«, Alternative Network Letter. A Third World Tourism Communication and Information Alternative, Colombo, Vol. 2, No. 2, May 1986, S. 2.

15 »So kann es nicht weitergehen. Frauengruppen gegen Frauenhandel«, Radio DRS 1, 19. 1. 1986.

16 Jyotsna Chatterji, op. cit., S. 114 und 115.

17 J. P. Baruel de Lagenest, op. cit., S. 34.

18 Vgl. dazu Asha Ramesh and Philomena H. P., »The Devadasi Problem«, in: International Feminism: Networking agaist Female Sexual Slavery, Report of the Global Feminist Workshop to organize against Female Sexual Slavery, Rotterdam, the Netherlands, April 6–15, 1983. Edited by Kathleen Barry, Charlotte Bunch, Shirley Castley.

19 Paulette Songué, op. cit., S. 30.

20 »El Caso«, Madrid, 30. 4. 1983.

21 »El Pai« und »ABC«, 22. 3. 1981.

22 »Hierro«, 3. 4. 1981.

23 »Diario« 16, 7. 10. 1981.

24 Goli Kouassi, op cit., S. 130.

25 Elliot David, »Thailand: Origins of Military Rule«, ZED Press, London 1978, S. 131; Statistical Report of Visitors to Thailand, January –December 1975, Bangkok, TAT.

26 »Aids and the Third World«, Panos Dossier 1, The Panos Institute, London, March 1987, S. 63.

27 Private Mitteilung der »Kilusang Mayo Uno« (May First Movement Labor Center) vom 1. 6. 1987.

28 Cristina Cavalcanti, »Notas sobre el Trafico Internacional de Mujeres Dominicanas«, Vortrag, gehalten am 13. 6. 1987 in Zürich, anläßlich der Generalversammlung des »Dritte-Welt-Frauen-Informationszentrums« (FIZ), Manuskr., S. 7.

29 Payori Matsui, »Economy and Psychology of Prostitution«, IMCS-ASIA (International Movement of Catholic Students, Hongkong) 01/82, from IDOC Bulletin 10, 1982, S. 1.

30 »Kisaeng Tourism. A nation-wide survey report on conditions in four areas Seoul, Pusan, Cheju, Kyongju«. Korea Church Women United, Research Material Issue No. 3, Seoul 1984.

31 Payori Matsui, op. cit., S. 6.

32 »Week-end«, Port-Louis, 14. 2. 1987.

33 »Bulletin Today«, Manila, 15. 3. 1984.

34 »Bulletin Today«, Manila, 6. 7. 1984.

35 »Stuttgarter Zeitung«, 14. 7. 1987.

36 Persönliche Mitteilung mit Akteneinsicht

37 »Illustré«, Lausanne, 6. 3. 1985 und persönliche Mitteilung der Gruppe der »femmes socialistes de Fribourg«.

38 Evelyn Hong, »Rural Women in Development«, Malaysian Women. Problems and Issues, Consumers Association of Penang, Penang 1983, S. 24 und 25.

Anmerkungen zu Sextourismus und Frauenhandel in der Bundesrepublik Deutschland

GEORG FRIEDRICH PFÄFFLIN

Sextourismus

Das Zentrum für Entwicklungsbezogene Bildung – ZEB – hat 1983 zur Internationalen Tourismusbörse eine Dokumentation vorgelegt zum Thema »Tourismus Prostitution Entwicklung«. Die Dokumentation sollte die Aufgabe erfüllen, dieses in der Öffentlichkeit wenig diskutierte, aber längst fällige Thema ins Bewußtsein zu rufen. Die Dokumentation versuchte, durch Einzeluntersuchungen von Wissenschaftlern, durch Berichte, durch Zeitungsartikel und -meldungen mit statistischem Material und Beispielen der Werbung für den Prostitutionstourismus den historischen, wirtschaftlichen und sozialen Hintergrund des Problems darzustellen.

Das ZEB hoffte, daß politisch handelnde Individuen, Gruppen und Organisationen sowie die staatlicherseits Verantwortlichen aktiv werden, um die Beteiligung, Hintergründe und Ausmaße des Prostitutionstourismus im Detail nachzuprüfen, damit diesem individuell und gesellschaftlich entwürdigenden Unternehmen Einhalt geboten wird.

Von der Dokumentation wurden zwei Auflagen gedruckt. 1985 erschien eine erweiterte englische Fassung »Tourism Prostitution Development« und eine Ausgabe in Thai.

Wurde was erreicht? Was wurde erreicht?
Reaktionen der Reiseindustrie

Die Reiseindustrie reagierte beleidigt. Sie wollte nicht in Zusammenhang mit dem Sextourismus gebracht werden. Ein TUI-Sprecher: »Der Sextourismus ist längst tot.« Der ehemalige Pressesprecher von NUR (Neckermann + Reisen): »Der Anteil von Bumstouristen ist peanuts«; »Der Markt nach Thailand ist sowieso zurückgegangen. Von den wenigen, die noch gehen, ist es nur ein verschwindend geringer Prozentsatz, die man vielleicht als Bumstouristen bezeichnen kann«; »Schuld an diesem Image sind die Journalisten, die das Problem, das vielleicht vor acht bis zehn Jahren einmal bestanden hat, als die Zahlen noch größer waren, aufgebauscht haben«; »Wir sind die Angeklagten, wir sind an der Wand, wir sind diese Angriffe gewöhnt, das macht uns nichts aus, der Stellenwert dieser Problematik ist für uns gleich Null«.

Sogar der Studienkreis für Tourismus vertrat die Ansicht der Reiseindustrie. Laut Travel Tribune vom 16. 6. 1983 spielte die Pressesprecherin des Studienkreises für Tourismus auf die Frage eines Hörers nach den Auswüchsen des Sextourismus während einer SWF-3-Sendung das Thema schlicht herunter: »Prostitutionstourismus ist eine statistisch nicht relevante Größe und dadurch nicht so schlimm.«

Ganz anders die Stiftung Warentest: Laut Publik Forum Nr. 14 vom 12. Juli 1985 schrieb Stiftung Warentest unter dem Titel »Jeder kommt auf seine Kosten«: »Etwa 20 Prozent aller hiesigen Bangkok-Besucher buchen ihren Thailand-Urlaub der leichten Liebe wegen.«

Obwohl der Sextourismus angeblich kaum Kunden findet, ist in neueren Reiseprospekten eindeutig-zweideutige Werbung zum Sextourismus zu finden.

Ein paar Beispiele:

Jet-Reisen 1986/87: Pattaya, ». . . beliebtes Ziel für Junggesellen mit internationaler Atmosphäre«; Hotel Diamond, »Seit Jahren bewährtes, besonders von Junggesellen bevorzugtes Haus«.

NUR-Fernreisen 1986/87, Informationsteil, nützliche Hinweise: »Berühren Sie einen Thai nie am Kopf, da dieser als Sitz der Seele und somit als heiliger Teil des Körpers gilt. Ein Thai würde das als böse Beleidigung auffassen, ebenso wie das Verschränken der Arme vor der Brust beim Gespräch. Richten Sie auch nie bei übergeschlagenen Beinen eine Schuhspitze auf Ihr Gegenüber. Wenn Sie eine Begleitung mit in Ihr Hotel nehmen, wird Ihnen bei einigen Hotels eine zusätzliche Übernachtungsgebühr von bis zu ca. 50,– DM in

Rechnung gestellt. Dieser Betrag variiert je nach Hotel und ist nur ein Richtwert. Ausnahmen für die Hotels Sunshine und Nipalodge/Pattaya und Club Andaman/Phuket. Bei Buchungen eines Einzelzimmers in diesen Hotels wird für einheimische Begleitpersonen kein Zimmerzuschlag berechnet.«

NUR-Fernreisen, Sommer 1987, im Informationsteil derselbe Text wie 1986/87.

Meier's Weltreisen GmbH Düsseldorf, 1986/87, Hotel Green in Pattaya, »Für Alleinreisende gut geeignet«, im Bildteil sind die europäischen männlichen Touristen in Begleitung thailändischer Frauen, in einem Bild sitzt eine thailändische Frau auf dem Hotelbett.

Stummer-Touristik, München (so z. B. in Sonntag Aktuell, 1. 3. 1987): »Reif für Südseeinsel?«: Mit nackten Südseeinsulanerinnen wird für »paradiesische Unbefangenheit und Unberührtheit auf kleiner Südseeinsel« geworben.

Baedekers Allianz Taschenbücher, Band Bangkok, 2. Auflage von 1984 bis 1986, Praktische Informationen, Zimmerbesuch: »Die Fremdenprostitution hat ein interessantes Phänomen hervorgebracht. Taubstumme junge Mädchen sind äußerst beliebt und können Rekordzahlen an Kunden aufweisen, da zum einen das Problem der sprachlichen Verständigung entfällt und sie zum anderen im ›Wunschlesen‹ konkurrenzlos sind.«

Coffee-Shops: »... hier findet man einen festen Stamm hübscher und gepflegter junger ›Damen‹, die auch bereit sind, sich abführen zu lassen (allerdings nur in das Hotel des ›Kunden‹).«

Nach Aufgreifen des Falls in der Öffentlichkeit haben sich der Vorsitzende des Vorstands der Allianz-Versicherung, Dr. W. Schieren, und Hans Baedeker entsetzt gezeigt. Gleichzeitig haben sie aber darauf hingewiesen, daß sich niemand bis jetzt beschwert habe. Die Buchauflage wurde aus dem Handel gezogen (wir haben trotzdem noch diesen Bangkok-Führer frei im Markt kaufen können). Es wurde eine Spende an ein Taubstummenheim in Thailand angemeldet.

Der »Spiegel« schrieb in Nr. 27, 1985: »Menschenhandel

im weiteren, aber durchaus im kommerziellen Sinn des Wortes betreibt schließlich jener millionenträchtige Zweig der Tourismusindustrie, der den sexuellen Konsum als touristische Dienstleistung auf der Ebene von Unterkunft und Verpflegung anbietet, ihn organisiert und für ihn wirbt.«

»Deutsche Reiseunternehmen wie Touropa und Neckermann, die ihre Bumsbomberreisen nach Fernost nach wie vor gut verkaufen, weisen biedermännisch seit Jahren in der gleichen Form darauf hin, in welchen ihrer Vertragshotels die Lustreisenden auf ihre Kosten kommen.«

»Die Sprache ist verhüllt, von Juristen abgesichert, jedoch die Absicht eindeutig: Werbung für Prostitution.«

So klar der Sachverhalt für uns ist, für die Strafverfolgungsbehörden sieht das offensichtlich anders aus: Gegen den Prostitutionstourismus in die Dritte Welt läßt sich, das ist das Ergebnis vieler Überlegungen von Rechtsausschüssen, anscheinend nichts tun. Strafbar – nach unserem Recht – machen sich nicht die Sextouristen und nicht die Reiseveranstalter. Zwar ist nicht nur die Förderung der Prostitution strafbar (§ 181 a StGB), sondern auch die Werbung für Prostitution eine mit Geldbuße zu belegende Ordnungswidrigkeit (§ 120 Abs. 1.2 Ordnungswidrigkeitengesetz). Aber nach der Rechtsprechung zum Reisevertragsrecht sind Reiseveranstalter auch zu einer den Tatsachen entsprechenden Beschreibung der angebotenen Objekte verpflichtet, wenn sie sich keine Schadenersatzansprüche einhandeln wollen. Die Frage bleibt: Was ist das für ein Recht, das in den »den Tatsachen entsprechenden Beschreibungen« im Kontext von Bangkok oder Pattaya keine Werbung für die Prostitution sieht?

Warum weigern sich Reiseunternehmen nicht, statt eindeutiger Hinweise, versteckter oder offener Werbung für die Schauplätze der Massenprostitution solche Buchungen überhaupt vorzunehmen?

Warum verzichten Hotelaktiengesellschaften nicht, Bettenkapazitäten zu erweitern angesichts der ihnen wohlbekannten Gründe für den Mehrbedarf?

Warum erklären Zeitungsverleger nicht von sich aus, daß sie auf werbende Anzeigen für solche Reisen verzichten?

Im Auftrag der Bundesregierung hat der Deutsche Reisebüroverband die Kataloge von Reiseveranstaltern »eingehend daraufhin ausgewertet, ob offen oder versteckt mit Gelegenheit zur Prostitution geworben wird«. Der Deutsche Reisebüroverband »hat dabei keine derartigen Inhaltspunkte festgestellt. Nach Kenntnis der Bundesregierung trifft diese Feststellung zu.«

Dealer

Wir hatten 1983 in der Dokumentation »Tourismus Prostitution Entwicklung« geschrieben: »Damit sexhungrige Männer in den reichen Ländern nicht erst Geld in eine Flugreise investieren müssen, damit Barbesitzer und Zuhälter ihr ›Warenangebot‹ und ihre Gewinne vergrößern können und damit schließlich Männer auf einfachem Wege wieder ›Herr im Hause‹ sein können, werden Frauen aus der Dritten Welt gehandelt und in die Industrieländer importiert. Der ›Frauenüberschuß‹ in den Entwicklungsländern macht es möglich ...

Auch bei diesem Geschäft gilt, daß die Armut und Rechtlosigkeit der Menschen in der Dritten Welt den wirtschaftlich Stärkeren sich selbst das Recht zusprechen läßt, Menschen wie Gegenstände zu behandeln, aus der ›Natur‹ der Entwicklungsländer das zu ergreifen, was auf dem heimischen Markt so billig nicht zu haben ist.«

Wir hatten ausführlich das Geschäft der Heiratsagenturen dokumentiert. Wir schrieben, daß sich mehr als 200 bundesdeutsche Vermittlungsagenturen auf die Vermarktung von Frauen zum Preis zwischen 5000,– und 12000,– DM spezialisiert hätten.

Heinz G. Schmidt hat dann in mühevoller Recherche in dem Buch »Der neue Sklavenmarkt. Geschäfte mit Frauen aus Übersee« herausgefunden, daß es einen harten Kern von 60 Händlern gibt. Der Rest – oder die Mehrzahl – seien Doppelgänger, Tarnnummern, Postfachadressen, Subagenten, die sich meist auf denselben Händler zurückführen ließen.

Daß das Geschäft blüht, zeigen die Zahlen, die veröffentlicht werden. So schrieb der »Spiegel«, daß der Kaufmann

Menger pro Monat 300 Frauen »vermittelt«. Nach Ulla Ohse »erwerben« sich jedes Jahr etwa 3000 Männer aus der Bundesrepublik Deutschland eine »Exotin«. Die Zahl der Eheschließungen mit Frauen aus den Philippinen hat sich von 1980 bis 1985 verdoppelt (von 5743 offiziell in der Bundesrepublik Deutschland gemeldeten Filippinas auf 10530. Von 3432 Eheschließungen auf 8044).

»Emma« schrieb dazu im Januar 1987: »Daß die ›Katalogbräute‹ meistens von den Philippinen kommen, liegt an der Art internationaler Arbeitsteilung des Patriarchats. Da Bangkok seit Jahren als ›größtes Bordell der Welt‹ bekannt ist und ›Thai-Fau‹ zu einem Synonym für ›Prostituierte‹ wurde, sind thailändische Frauen nicht mehr ›gut genug‹ für den bundesdeutschen Heiratsmarkt.«

Das Deutsche Allgemeine Sonntagsblatt schrieb im November 1984, daß aus Thailand jedes Jahr 2000 Frauen mit Touristenvisa in die Bundesrepublik einreisen würden. Die Zahlenangaben sind uneinheitlich.

So ist die Zahl von 60 Dealern, die Heinz G. Schmidt recherchiert hat, in vielen Publikationen wiederholt worden, sie ist aber nicht überprüft worden. Fest steht: Die Händler annoncieren nach wie vor in Zeitungsanzeigen und Zeitschriften ihre Dienste. Sie betreiben damit »Eheanbahnung« gewerbsmäßig. Jeder Gewerbetreibende aber unterliegt der Gewerbeaufsicht, und nach § 35 der Gewerbeordnung hat das Gewerbeaufsichtsamt die Ausübung des Gewerbes zu untersagen, wenn der Gewerbetreibende unzuverlässig ist und die Untersagung zum Schutz der Allgemeinheit erforderlich ist. Wie sich die Frauenhändler der unmittelbaren Strafverfolgung entziehen, das hat Heinz G. Schmidt ausführlich beschrieben.

Nach § 181 StGB wird mit Freiheitsstrafen von einem bis zu zehn Jahren bestraft, »wer einen anderen mit List dazu bringt, daß er der Prostitution nachgeht, oder anwirbt oder wider seinen Willen durch List, Drohung oder Gewalt entführt, um ihn unter Ausnutzung der Hilflosigkeit, die mit seinem Aufenthalt in einem fremden Land verbunden ist, zu sexuellen Handlungen zu bringen«.

Daraus schließen die strafverfolgenden Behörden oft, daß

sich nur diejenigen, die Frauen unter falschen Vorspiegelungen ins Land holen, des Menschenhandels schuldig machen. Das ist eine Interpretation, die dem Gewerbe in der Bundesrepublik quasi staatlichen Schutz verleiht.

Die vielen dokumentierten Einzelschicksale, die in der Presse inzwischen veröffentlicht worden sind, belegen, beweisen, wie brutal die Hilflosigkeit der Frauen ausgenutzt wird: z. B., wie die Frauen in Sexklubs oder Massagesalons zu Alkoholkonsum und Geschlechtsverkehr animieren müssen. Ist aber eine Frau in ihrem Heimatland schon der Prostitution nachgegangen, so gilt, auch wenn sie hier von einem Schlepper verkauft wird, dies nicht als Menschenhandel gemäß § 181 StGB.

Viele der Frauen aus den Philippinen, Ghana, der Dominikanischen Republik, aus Kenia oder Südkorea kommen ja »freiwillig« oder als Flüchtlinge, die nirgendwo ein Recht auf Asyl haben. Der Armut entfliehen wollen, das ist kein Asylgrund. Und was in der Welt kann dann Frauen motivieren, vor der Polizei als Zeuginnen gegen ihre Peiniger auszusagen, wenn die Polizei sie nicht schützen kann, wenn das Ergebnis einer möglichen Anzeige gegen einen Menschenhändler die eigene Ausweisung ist?

Ein eigenständiges Aufenthaltsrecht fehlt in unserem Ausländergesetz selbst dann, wenn Ausländerinnen in einer ganz normalen Ehe leben. Eine philippinische Staatsangehörige, mit einem Deutschen verheiratet, der nach zwei Jahren Ehe mit ihr starb, steht unter der Drohung, genauso ausgewiesen zu werden wie eine Prostituierte, deren Visum abgelaufen ist.

Da das Aufenthaltsrecht an die Ehe gebunden ist, muß die Frau im Falle einer Trennung das Land verlassen. Hat sie aus dieser Ehe Kinder, darf sie diese in der Regel nicht behalten. Wie Susanne Lipka in ihrem Buch »Das käufliche Glück in Südostasien. Heiratshandel und Sextourismus« berichtet, gehen hiesige Gerichte davon aus, »daß eine solche Frau ihre Kinder nicht nach den hiesigen Wertmaßstäben erziehen könne«. So geht das Sorgerecht an den deutschen Vater.

Die ständige Drohung, ausgewiesen zu werden, verschärft die Situation des Menschenhandels. Als »abgelehnte Ware«

zurück in die Heimat! Zurück, aber wohin? Eine Scheinehe eingehen, die die Frau um die 10 000,– DM kostet, mit einem Ehemann, der sie entweder später auf die Straße schickt oder von vornherein für sein Bordell eingeplant hat? Ein Neuanfang in einem anderen Land? Aber wo? In einem anderen Bordell in Italien oder Frankreich zum Beispiel? Aussagen vor der Polizei? Vor der Arbeitsverwaltung, der Gewerbeaufsicht? Oder vor der Presse?

Lösungen sind nicht in Sicht.

Nach einigen Jahren Arbeit in diesem Themenbereich haben wir erfahren, daß hundert, tausend oder -zigtausend Fälle von sexueller Sklaverei, die zusammengetragen worden sind oder noch zusammengetragen werden, für all diejenigen, die kein Interesse an ihrer Aufdeckung haben, kein Beweis für die Existenz dieser Praktik sind. Jeder Fall, der an die Öffentlichkeit kommt oder möglicherweise sogar vor ein Gericht, scheint ein isolierter Einzelfall zu sein.

Das mag erklären, daß diejenigen, die sich über diesem Thema gefunden haben in Aktionsgruppen, Hilfsorganisationen, Frauenhäusern, Beratungsstellen, Rechtsausschüssen, in Lobbygruppen oder solche, die als Einzelpersonen recherchieren, Öffentlichkeitsarbeit treiben, praktische Hilfe anbieten oder politisch tätig sind, die Empörung gegen diese individuell wie gesellschaftlich entwürdigenden Vorgänge verbindet; daß aber Hilflosigkeit besteht, wenn konkrete Forderungen durchgesetzt werden sollen. Den Skandal beim Namen nennen, das ist erst der Anfang der Politik.

Parlamentarische Initiativen und ihre Wirkungen

Nach Veröffentlichung der Dokumentation »Tourismus Prostitution Entwicklung« wurden gleich drei parlamentarische Anfragen an die Bundesregierung gerichtet:

- Kleine Anfrage des Abgeordneten Verheyen (Bielefeld) und der Fraktion der Grünen – Drucksache 10/1137
  Antwort der Bundesregierung – Drucksache 19/1498 vom 24. 5. 1984

- Prostitution in Südostasien
- Mädchenhandel mit südostasiatischen Frauen

- Kleine Anfrage der Abgeordneten Frau Kelly und der Fraktion Die Grünen – Drucksache 10/2086
  Antwort der Bundesregierung – Drucksache 10/2187 vom 24. 10. 1984

- Zwangsprostitution in der Bundesrepublik

- Große Anfrage der Fraktion der SPD – Drucksache 10/2710
  Antwort der Bundesregierung – Drucksache 10/3753 vom 26. 8. 1985

- Menschenhandel mit ausländischen Mädchen und Frauen, besonders aus Entwicklungsländern, sogenannte Heiratsvermittlung und sogenannter Prostitutionstourismus.

Die Große Anfrage der SPD war sorgfältig eingeleitet worden:

»Ausländische Frauen und Mädchen, besonders aus Entwicklungsländern, werden in steigendem Umfang zum Objekt menschenverachtender Geschäftemacherei in Industrieländern, auch in der Bundesrepublik Deutschland. Einschlägige profitorientierte Unternehmen sprechen gezielt Unsicherheit und Minderwertigkeitskomplexe, aber auch sexistische und rassistische Instinkte an und nutzen sie aus, um Kunden für ihr gewinnträchtiges, aber menschenverachtendes Gewerbe zu finden.

Heute sind vor allem folgende Geschäftspraktiken zu beobachten:

1. Prostitutionstourismus, hauptsächlich in die Länder Südostasiens, aber auch nach Afrika oder Lateinamerika;

2. Heiratsvermittlung von ausländischen Mädchen und Frauen (z. B. Thailand, Philippinen oder Ländern Lateinamerikas) durch Agenten, die durch ihre Vermarktungsmethoden die menschliche Würde der betroffenen Frauen verletzen;

3. ›Einfuhr‹ von ausländischen Mädchen und Frauen, besonders aus Entwicklungsländern, für Vergnügungslokale und Bordellbetriebe in der Bundesrepublik Deutschland.

Diejenigen Personen, die solche Geschäfte betreiben, beuten die Armut und Not von Mädchen und Frauen in diesen Ländern aus. Sie wissen, daß gerade Regierungen dieser Staaten sich angesichts der wirtschaftlichen Situation in ihren Ländern kaum zu wirksamen Gegenmaßnahmen in der Lage sehen. Sie bringen die Mädchen und Frauen, die in der Bundesrepublik Deutschland leben, in Konflikte mit dem bestehenden Straf-, Polizei- und Ausländerrecht und hierdurch zu Profitzwecken in kaum mehr auflösbare Abhängigkeiten. Sie nutzen insbesondere den zunehmenden Trend zur Exotik im Prostitutions- und Pornographiegewerbe aus, die von einer schillernden Berichterstattung in einem Teil der Sensationspresse unterstützt wird.

Die Bundesregierung ist bis heute Eingaben und Anfragen aus besorgten Kreisen der deutschen Bevölkerung, aber auch von Mitgliedern des Deutschen Bundestages mit dem lapidaren Hinweis entgegengetreten, sie verfüge hinsichtlich der genannten Mißstände kaum über statistisches Material. Ebenso argumentierte sie auf internationalen Konferenzen, wie z. B. auf der Weltfrauenkonferenz in Kopenhagen 1980. Auch hat sie es bislang abgelehnt, das UN-Übereinkommen zur Beseitigung des Menschenhandels und Ausbeutung durch Prostitution von 1949 zu ratifizieren. Sie verweist auf das geltende Straf-, Ordnungswidrigkeiten- und Gewerberecht und internationale Übereinkommen zum Schutz gegen den Menschenhandel. Ein darüber hinausgehender Handlungsbedarf wird von der Bundesregierung nicht erkannt.«

Die Antworten der Bundesregierung auf alle drei parlamentarische Anfragen waren für die, die sich mit dem Thema befassen, nicht zufriedenstellend.

Die Bundesregierung hält den sogenannten Prostitutionstourismus für eine »anstößige und bedauerliche Form des Fremdenverkehrs«. Gleichwohl sind der Bundesregierung »keine Unternehmen bekannt, die rechtswidrig Werbung für und Organisation von ›Prostitutionstourismus‹ betreiben«. Die negativen Folgen des Prostitutionstourismus will die Bundesregierung vor allem »im Rahmen der Entwicklungszusammenarbeit« bekämpfen. So sollen Projekte des Entwicklungshilfeministeriums als »Beitrag zur Behebung der armutsbedingten Ursachen der Prostitution« gefördert werden. Als zynisch zu bezeichnen ist die Antwort der Regierung auf die Frage nach den kulturellen Auswirkungen des Prostitutionstourismus: »Teilweise stellt sich für die betroffenen Frauen in Ländern der Dritten Welt Prostitution als eine der wenigen Möglichkeiten für Arbeitslose oder Unterbeschäftigte dar, ihren Lebensunterhalt zu verdienen und eventuell zusätzlich noch eine eigene Familie zu unterstützen. ... Nach den vorliegenden Informationen führt Prostitution in der Regel nicht zu einer Entwurzelung der Frauen und Mädchen oder gar zu einem Ausschluß aus dem Familienverband. Eine teilweise, gegenüber früher sogar leicht erhöhte Sozialadäquanz der Prostitution in manchen Ländern der Dritten Welt ist mit der von ihnen in ihrer Familie häufig bewirkten nachhaltigen Verbesserung des Familieneinkommens erklärbar.«

Das Deutschlandbild habe durch den Sextourismus in bestimmten Ländern der Dritten Welt jedenfalls nicht Schaden genommen. Zwar genieße der einzelne Tourist, der als »Prostitutionskunde« auftritt, »in der Regel eine sehr geringe Wertschätzung« im jeweiligen Gastland. Das Bild der Deutschen im Ausland aber wird nach Ansicht der Regierung »in erster Linie durch andere Faktoren geprägt«. Aufgezählt werden die Öffentlichkeitsarbeit der bundesdeutschen Auslandsvertretungen, wie Goetheinstitute, sowie »ortsansässige deutsche Unternehmen und Organe«.

Die Verantwortung für Aufklärung über die Folgen des Prostitutionstourismus schiebt die Bundesregierung den »dazu berufenen, zu eindeutigen ethischen Wertungen legitimierten gesellschaftlichen Institutionen«, wie insbesondere Kirchen, sozialen Gruppen, Schulen und Elternhaus zu.

Haben die Anfragen verschiedener Parteien etwas bewegt? Haben die Antworten der Bundesregierung etwas geklärt?

Strafbestimmungen sind nicht verschärft worden. Sind die bestehenden Gesetze strikter angewandt worden?

In der Tourismuswerbung ist nichts bereinigt, da es anscheinend nichts zu bereinigen gibt.

Die Bundesregierung unterzeichnete nicht und wird auch nicht die UN-»Konvention über die Abschaffung des Menschenhandels und der Ausbeutung durch Prostitution« von 1949 unterzeichnen. Denn nach diesem Dokument müßte sie zum einen Bestrafungspflichten nachkommen, die mit den deutschen Strafrechtsnormen nicht übereinstimmen. Zum anderen könnten Opfer auch solche Personen sein, die sich mit eigener Zustimmung in die Prostitution verkaufen lassen. In der Definition des bundesdeutschen Gesetzbuches dagegen fehlt der Hinweis, daß eigene Zustimmung den Tatbestand Menschenhandel nicht aufhebt.

Hat die 1981 veröffentlichte Studie der Vereinten Nationen über den internationalen Frauenhandel etwas bewirkt?

Welche Folgen werden die Erschließungen »Zur Gewalt gegen Frauen« des Europäischen Parlaments vom 11. Juni 1986 haben, in denen die Mitgliedsstaaten aufgefordert werden, Informationskampagnen durchzuführen auf Grundlage der Statistiken und Daten (die freilich noch zu erheben sind), um die Öffentlichkeit über das Ausmaß der Gewalt gegen Frauen aufmerksam zu machen? Werden Stellen zur Unterstützung der Opfer eingerichtet werden? »Die Opfer des Frauenhandels« sollen Anzeige erstatten können, ohne sich der Gefahr einer Ausweisung auszusetzen. Die 67 Forderungen, Empfehlungen, Ersuchen sind allesamt hilfreich auf dem Weg zur Verwirklichung der Menschenrechte. Aber wie wird das Mitgliedsland Bundesrepublik Deutschland darauf reagieren?

Schritte

Alle Initiativen, die zur Zeit in der Bundesrepublik Deutschland laufen, sind bestenfalls geeignet, das Übel zu begrenzen. Aber Teilerfolge auf dem Weg zu einer Gesellschaft, in der Männer und Frauen gleiche Rechte, gleiche Chancen und gleiche Löhne haben, sind auch Erfolge. Die Motive, aus denen heute Männer und Frauen Bewußtsein dafür schaffen, wie ungerecht die Beziehungen sind zwischen uns und den Ländern, die wir »Dritte Welt« nennen, sind unterschiedlich.

Auch die Ansätze sind unterschiedlich. Die einen recherchieren, andere machen Öffentlichkeitsarbeit, wieder andere helfen praktisch. Es gibt Staatsanwälte, die Anzeigenleiter von Zeitungen darauf hinweisen, daß die Veröffentlichung von Werbung für bordellartige Betriebe als »strafbare Beihilfe zur Förderung der Prostitution« gewertet werden kann. Es gibt eine Flut von protestierenden Leserbriefen zu den in Zeitungen veröffentlichten menschenverachtenden Anzeigen, die erreichten, daß keine diesbezüglichen Anzeigen mehr veröffentlicht werden. Es gibt Arbeitsgruppen der Polizei, die den Menschenhandel begrenzen wollen. Es gibt den Protest gegen eine Entwicklungspolitik der westlichen Staaten, die bis jetzt noch nicht einen glaubwürdigen Beitrag geleistet hat, dieser modernen Form der Rekolonialisierung Einhalt zu gebieten. Es gibt »Frauenleitstellen« in Ländern und Kommunen, die sich des Themas angenommen haben.

Werke und Verbände verschiedener gesellschaftlicher Gruppen haben Fraueninformationszentren in einigen Städten gegründet, die neben Öffentlichkeitsarbeit, praktischer Hilfe und Beratung für in Not geratene Frauen auch an gesetzgeberischen Initiativen zur Verhinderung des Menschenhandels mitarbeiten. Es gibt inzwischen internationale Netzwerke von Gruppen, die die Stimmen der Betroffenen aus der Dritten Welt, besonders aus Asien, hier zu Gehör bringen.

Solche Proteste und andere Aktionen, von denen hier nicht berichtet wird, sind kleine Schritte auf dem Weg zu einer weltweiten Gesellschaft, in der die einen zu ihrer eigenen »Entfaltung« nicht die Unterdrückung der anderen brauchen.

Da es auf diesem Weg noch viel zu recherchieren gilt, Macht herausgefordert und ausreichend Datenmaterial für pragmatische politische Strategien gesammelt werden muß, ist es zu begrüßen, daß die Bundesministerin für Jugend, Familie, Frauen und Gesundheit eine Untersuchung »Prostitutionstourismus, Heiratsvermittlung und Menschenhandel mit ausländischen Mädchen und Frauen« ausgeschrieben hat. Dies ist schon deshalb nötig, damit sich die Bundesregierung nicht wieder herausreden kann, es gäbe zu dem Themenkomplex nicht genügend gesichertes Datenmaterial.

Das Forschungsvorhaben soll drei Bereiche haben:

- »Sexreisen« deutscher Touristen nach Südostasien, Afrika und Südamerika (Prostitutionstourismus);
- Heiratsvermittlung von ausländischen Mädchen und Frauen, besonders aus den oben genannten Regionen und z. B. auch aus Polen in der Bundesrepublik Deutschland;
- Einschleusung und Anwerbung von ausländischen Mädchen und Frauen für Vergnügungslokale und Bordellbetriebe in der Bundesrepublik Deutschland.

Jeder Forschungsbereich soll in sich abgerundet sein, aber auch die Zusammenhänge des organisierten Mißbrauchs ausländischer Frauen und Mädchen aufzeigen. Ein wesentliches Ziel des Forschungsvorhabens soll die Konzipierung von praxisnahen politischen Initiativen sein. In zwei Jahren soll die Studie fertig sein. Wird es ein weiteres »Schubladenprojekt« werden?

Aspekte des Frauenhandels in der Schweiz

ANNEMARIE SCHMITZ

In der Schweiz nimmt der Frauenhandel (Prostitution, Go-go-Girls, Scheinehen) mit Frauen aus der Dritten Welt seit einigen Jahren zu. Anfangs der siebziger Jahre, mit der Zunahme des Sextourismus, tauchten immer mehr Frauen aus Afrika, Asien und Lateinamerika in der hiesigen Vergnügungsindustrie auf. Dieses Geschäft spielt sich im Schattenbereich unserer Gesellschaft ab und wird statistisch nur zum Teil erfaßt. Immerhin aber gibt es offizielle Zahlen, die zeigen, daß es sich nicht um bedauerliche Einzelfälle handelt.

In Zürich arbeiten zur Zeit laut Auskunft der Sittenpolizei zwischen 600 und 800 Frauen als Prostituierte, rund 300 davon stammen aus der Dritten Welt. Diese Frauen sind mit Schweizern verheiratet und haben damit das Schweizer Bürgerrecht erworben, denn nur als Schweizerinnen können sie legal als Prostituierte arbeiten. Es ist anzunehmen, daß ein Teil dieser Ehen Scheinehen sind. Eine beträchtliche Zahl der Frauen hat jedoch geheiratet in der Hoffnung, Glück, Geborgenheit und materielle Sicherheit zu finden. Viele von ihnen wurden enttäuscht und sahen als letzten Ausweg - zum Teil vom Ehemann dazu genötigt - die Prostitution. Die Zahl der Prostituierten aus den Ländern der Dritten Welt in Zürich nimmt Jahr für Jahr zu. Waren es 1980 noch 165 Frauen aus Ländern der Dritten Welt, so stieg die Zahl 1982 auf 241, und 1987 sind es schon die oben erwähnten rund 300 Frauen.

Statistisch am genauesten erfaßt ist die Zahl der Go-go-Tänzerinnen aus der Dritten Welt in der Schweiz. 1982 zum Beispiel standen die Kantone Zürich und Tessin an der Spitze in bezug auf die Zahl der Arbeitsbewilligungen für ausländische Go-go-Girls. In Zürich wurden im August jenes Jahres 256 und im Tessin 148 Bewilligungen erteilt. 1986 halten noch immer diese beiden Kantone die Spitze, in Zürich wurden im August 1986 144 Bewilligungen an ausländische Tänzerinnen erteilt, wobei 97 aus Ländern der Dritten Welt kamen. Im

Tessin waren es 119 Bewilligungen, davon kamen 84 Tänzerinnen aus der Dritten Welt. Vergleicht man diese beiden Zahlen, so müßte man zum Schluß kommen, heute hätte sich die Situation wesentlich beruhigt. Im Kanton Zürich wird denn auch von der Fremdenpolizei seit einigen Jahren versucht, die Zahl der erteilten Bewilligungen an ausländische Tänzerinnen zu reduzieren.

Seit 1983 beträgt die Reduktion rund 25 Prozent. Parallel dazu steigen die Zahlen der Heiraten zwischen Frauen aus der Dritten Welt und Schweizern Jahr für Jahr. Statt Maria Gonzales tanzt Maria Müller, mit Schweizer Paß. Damit sind die Probleme mit der Einholung der Bewilligung für Maria gelöst, andere, zum Teil schwerwiegendere, werden auf sie zukommen.

Im Gespräch mit Go-go-Tänzerinnen kommt diese verschärfte Praxis, die sich nicht nur in der Begrenzung der Zahl der Tänzerinnen äußert, sondern auch in der strengeren Anwendung der Vorschriften über Aufenthalts- und Arbeitsbewilligung, immer wieder zur Sprache. Die Frauen versuchen diesem Druck auszuweichen, indem sie so rasch wie möglich einen Schweizer Ehemann suchen, denn mit dem roten Paß sind alle diese Probleme gelöst.

Dem Problem des Frauenhandels ist statistisch nicht beizukommen. Vieles, was in diesem Geschäft läuft, wird nicht erfaßt. Dazu das Beispiel von Maria. Maria, eine Kolumbianerin, wird via Heiratsvermittlungsagentur von einem Schweizer als Ehefrau »bestellt«. Hier angekommen, entspricht sie nicht dem, was der Mann erwartet hat, die Heirat findet nicht statt. Maria, völlig verzweifelt – sie hat zu Hause ein Kind und eine alte Mutter – weiß nicht mehr ein und aus. Die vorgesehene Heirat mit einem Schweizer hätte für sie die Lösung der wirtschaftlichen Probleme ihrer Familie zu Hause bedeutet. So wenigstens hat sie es sich vorgestellt. Sie hatte nämlich gehört, daß es in der Schweiz einfach sei, Arbeit zu finden, dazu noch gut bezahlt. Nach der geplatzten Heirat ist sie nach Spanien ausgereist, da ihre Zeit hier abgelaufen ist. Als Touristin darf sie nicht mehr als drei Monate hierbleiben. Sie ist völlig verzweifelt, sucht irgendeine Arbeit, sagt, sie kann doch nicht mit leeren Händen zurück. Sie kann nicht zurück, kann aber auch nicht hierbleiben; eine ausweglose, hoffnungslose Situation. Was Maria machen wird, wissen wir nicht. Vielleicht versucht sie, illegal Arbeit zu finden, vielleicht versucht sie, irgendeinen Mann um jeden Preis zu heiraten, vielleicht muß sie sich ihren Lebensunterhalt als Prostituierte verdienen, vielleicht gibt es eine Möglichkeit, in Spanien Arbeit zu finden. Fragen über Fragen, die erst die Zukunft beantworten wird. Der Fall Maria erscheint noch in keiner Statistik, wird vielleicht erst in Zukunft zu einem »Fall« für die Schweizer Behörden.

Praktisch die einzige Möglichkeit für eine Frau aus der Dritten Welt in der Schweiz eine Arbeitsbewilligung zu erhalten, ist diejenige, während 8 Monaten je Kalenderjahr als Striptease-Tänzerin zu arbeiten. Eine Arbeitsbewilligung als Putzfrau zum Beispiel wird normalerweise nicht erteilt. In der Verordnung über die Begrenzung der ausländischen Arbeitskräfte in der Schweiz ist die Welt zweigeteilt, in Länder, aus denen die Schweiz traditionell ihre Gastarbeiter rekrutiert, wie zum Beispiel Italien, Spanien, Jugoslawien, Frankreich usw. und in Länder, die traditionellerweise keine Arbeitskräfte in die Schweiz exportieren. Für die letzteren, zu denen vor allem die Länder der Dritten Welt gehören, gibt es grundsätzlich keine Bewilligungen, von Ausnahmen abgesehen. So hilft denn der Schweizer Staat mit, Frauen aus der Dritten Welt, die um die Existenz ihrer Familien und ihrer eigenen kämpfen müssen, in die Sex- und Vergnügungsindustrie zu zwingen. Eine Praxis, über die gründlich nachgedacht werden müßte!

Im Geschäft mit den Go-go-Girls sind während einiger Jahre jeweils gewisse Länder »in«, verschwinden dann fast völlig aus den Statistiken, während Frauen aus Ländern, die bis anhin kaum in Erscheinung getreten sind, deren Stelle einnehmen. Während im August 1982 lediglich 12 Tänzerinnen aus der Dominikanischen Republik in der Schweiz arbeiteten, waren es im August 1986 137, über zehnmal mehr. Im August 1982 arbeiteten 76 brasilianische Tänzerinnen hier, im August 1986 fast doppelt so viele, nämlich 112. Thailand und vor allem die Philippinen weisen demgegenüber rückläufige Zahlen für Go-go-Tänzerinnen auf. (Thailand 1982: 83 und 1986: 53; die Philippinen 1982: 53 und 1986: 15, die Zahlen beziehen sich immer auf den Monat August).

Sind Frauen aus der Dritten Welt in der Schweiz zu einem Konsumartikel geworden, der Modeströmungen unterworfen ist und sich vermarkten und ausbeuten läßt?

Wer profitiert?

»Kein Land ist zu arm, als daß die reichen Industrieländer nicht noch Profit herausholen können. In einer Welt, in der für Geld alles zu haben ist, ist es eigentlich kaum erstaunlich, daß der reiche Norden nicht nur billige Rohstoffe, sondern auch noch Frauen aus Ländern der Dritten Welt kauft und importiert«. So sieht die Realität für Margarita Cordero, eine dominikanische Journalistin und Schriftstellerin, aus. Bei ihrer Arbeit wird sie immer wieder mit dem Handel mit Frauen aus ihrer Heimat, sei es in Panama, in Curaçao, Holland oder der Schweiz konfrontiert. »Denn«, so meint sie sarkastisch, »dominikanische Frauen sind zu einem begehrten Exportartikel geworden«. Dazu Peter Holden, früherer Sekretär der Ecumenical Coalition on Third World Tourism in Bangkok: »Der Frauenhandel«, so sagt er, »ist ganz offensichtlich ein Ergebnis des Tourismus. Wenn die Menschen nicht als Touristen erfahren hätten, wie einfach sie in Ländern wie Thailand, Sri Lanka, Taiwan, Südkorea, den Philippinen billigen Sex kaufen können, wären sie nicht auf die Idee gekommen, Frauen in ihre Länder zu importieren«.

Daß sich in den Ländern der Dritten Welt beliebig viele Frauen für dieses Geschäft rekrutieren lassen, liegt nicht etwa daran, daß dies bei den Frauen »ja in der Natur oder in der Kultur« liegt, sondern an der materiellen Not in ihrer Heimat, die es ihnen unmöglich macht, sich ihren Lebensunterhalt und den ihrer Angehörigen zu verdienen. Die Aussicht auf bessere Verhältnisse hier in der Schweiz läßt sie jedes Arbeitsangebot akzeptieren. So werden sie für die Geschäftemacher zur leicht verwertbaren und ausbeutbaren Ware, die einen hohen Gewinn abwirft. Mit diesen Frauen, die weder unsere Sprache sprechen noch ihre Rechte hier kennen, ist leichter ein Geschäft zu machen, als mit Europäerinnen, die ihre Rechte und Ansprüche hier eher kennen. Geschäfte gemacht wird mit Frauen aus der Dritten Welt auf vielfältige Weise.

Frauen, die hier als Go-go-Tänzerinnen arbeiten, müssen sich in ihren Ländern meist Geld leihen, um den Flug bezahlen zu können. Dafür werden hohe Zinsen fällig. In der Schweiz holt die Künstleragentur, die sie unter Vertrag hat, die notwendigen Bewilligungen bei der Fremdenpolizei ein und bringt die Tänzerinnen in den Lokalen unter. Der Arbeitsplatz wird monatlich gewechselt. Für ihre Dienste kassiert die Agentur 8 Prozent der Gage, die pro Tag zwischen 130 und 170 Franken liegt. Eine der größten im Geschäft ist die Behrens Agency AG in Zürich. Nach eigenen Angaben vermittelt sie pro Monat etwas über 100 Tänzerinnen in der ganzen Schweiz. Das ergibt einen täglichen Umsatz von mindestens 1200 Franken. Rechnet man 25 Arbeitstage pro Monat, so ergibt das einen monatlichen Umsatz von mindestens 30000 Franken. Da die Unkosten bei solchen Agenturen relativ gering sind, bleibt eine erkleckliche Summe als Gewinn übrig.

Lohn und Agenturprovision sind gewissen Kontrollen und Absprachen unterworfen, Manipulationen nicht so einfach durchführbar. Die Bereiche, wo Ausbeutung unbemerkter durchgesetzt werden kann, werden aber von allen am Geschäft Beteiligten bis an die Grenzen des Gesetzes ausgeschöpft.

Wie teuer sind Appartements, die an die ausländischen »Strip-Saisonnières« vermittelt werden? Kein Schweizer würde für eine einfache 4-Zimmer-Altbauwohnung an der lauten Zürcher Langstraße 3200 Franken bezahlen. Also vermietet man die Wohnung an acht Frauen aus Afrika, die pro halbes Schlafzimmer 400 Franken bezahlen müssen. Ist es keine Ausbeutung, wenn Tänzerinnen in engen und karg möblierten 1-Zimmer-Mansarden in der Berner Länggasse dafür nach eigenen Aussagen monatlich tausend Franken hinblättern müssen? In Sursee ist für ein Zimmer in einer 4-Zimmer-Wohnung, die dem Besitzer des Go-go-Betriebes gehört, 800 Franken monatlich fällig. Total ergibt dies auch hier eine Monatsmiete von stolzen 3200 Franken. So augenfällig und offensichtlich diese Frauen ausgebeutet werden, bewegen sich die Vermieter doch immer innerhalb der in der Schweiz geltenden Gesetze, begehen damit keine strafbaren Handlungen und sind zumeist unbescholtene und geachtete Bürger.

Wie nahe an das klassische Bordell kommen Bars, in denen Tänzerinnen ein Zimmer im gleichen Gebäude, Hotel oder Apartementhaus vermittelt wird?

Dazu im Tages-Anzeiger vom 20. Mai 1986 folgendes:

»Gefängnis für harte Animation.

Ein 45jähriger Hotelier, der im Kreis 4 einen Betrieb mit Nachtklub führt, ist vom Obergericht wegen gewerbsmäßiger Kuppelei verurteilt worden.

Es ist in einem Nachtklub ein ungeschriebenes Gesetz, daß Tänzerinnen den Champagnerkonsum der männlichen Gäste fördern müssen. Wie weit sie dabei gehen, hängt vor allem vom Geschäftsführer ab, der für die Ordnung in seinem Lokal verantwortlich ist. Ob der Angeklagte in seinem Klub im Kreis 4 die Tänzerinnen auf die Gäste richtiggehend »ansetzte« oder ihre Handlungen nur duldete, war auch vor dem Obergericht nicht ganz klar. Zumindest wußte er davon und schritt nicht ein, wenn die Tänzerinnen in seinem Lokal die Gäste handgreiflich erregten und nachher mit ihnen ein Hotelzimmer bezogen. Solches sei verboten, hatte der Angeklagte seinen Angestellten zwar immer wieder gesagt, im gleichen Atemzug aber auch ›Mached, was ihr wänd‹.

Die Geschichte flog auf, weil der Besitzer einen Nachtportier fristlos entlassen hatte. Dieser erstattete Anzeige, und so kam der ganze Fall ins Rollen. Dieser Hotelier ist wahrscheinlich nicht der einzige, der auf diese Weise sein Einkommen aufbesserte. Damit einem Gast erlaubt wurde, mit einer Tänzerin ein Zimmer aufzusuchen, mußte er zuerst ausgiebig Champagner konsumiert und eine weitere Flasche zu 180 Franken aufs Zimmer bestellt haben. Der Hotelier profitierte so durch eine bessere Zimmerbelegung und durch den gesteigerten Champagnerumsatz.

Wie viele Kunden muß eine Tänzerin im Laufe eines Abends zu Champagnerrunden animieren können? Ihr Beitrag zum Geschäftsgang einer Bar bemißt sich nicht nur an ihrem tänzerischen Können, sondern wird genau kontrolliert anhand ihres erzielten Champagnerumsatzes. Daß die Go-go-Girls den Champagnerumsatz anheizen müssen, ist ein offenes Geheimnis. Im Vertrag zwischen Nachtklub und Tänzerin, den die Fremdenpolizei kontrolliert, steht jedoch kein Wort von Animation. Darin sind lediglich die Arbeitsbedingungen und der Lohn für den Auftritt der Tänzerin geregelt.

Weshalb in den Verträgen nichts von Animation steht, hat seinen Grund: Animieren ist nämlich in nahezu allen Kantonen in der Schweiz ausdrücklich verboten. Spricht man die Wirte oder auch die Agenturen auf das Aninmieren an, stößt man überall auf Abwehr. Die Polizei zuckt die Achseln, sie sagt, sie könne nur eingreifen, wenn die Frauen Anzeige erstatteten und vor Gericht dann auch zu ihrer Aussage stünden. Damit kommt aber ein Teufelskreis in Gang. Die betroffenen Frauen wollen nicht aussagen, aus Angst vor den Konsequenzen. Denn eine Frau, die einen Arbeitgeber anzeigt, wird keine Stelle als Tänzerin mehr erhalten. Dieses Risiko können und wollen die Frauen nicht auf sich nehmen. Sie tragen die Verantwortung für ihre Familien, für Eltern und Kinder.

So sind die Frauen gezwungen, sich gegen ihren Willen und ihr besseres Wissen Nacht für Nacht mit Champagner vollpumpen zu lassen, denn nur wer eine gute Trinkerin ist, dem Geschäft Umsatz bringt, kann im nächsten Monat sicher wieder mit einem Engagement rechnen. In Zürich liegt der Umsatz, den ein gutes Go-go-Girl erzielen muß, bei monatlich 10 000 Franken. Das bedeutet, daß die Frau pro Nacht durchschnittlich mindestens 2 Flaschen Champagner umsetzt.

Den größten Teil davon muß sie selbst trinken. Anfälligkeit für Krankheiten wie Tuberkulose, Infektionskrankheiten bis hin zu schwerwiegenden Leberschäden, die im Extremfall tödlich sein können, sind die Folgen. Von den psychischen Schäden, die diese Frauen bei ihrer Arbeit erleiden, ganz zu schweigen. Vom erzielten Umsatz bekommen die Frauen ein

»Zapfengeld«, das zwischen 8 und 10 Prozent schwankt. Lächerlich, wenn man diese Summe in Beziehung setzt zu dem, was der Wirt am verkauften Champagner verdient, und noch lächerlicher, wenn man bedenkt, was für gesundheitliche Folgen der Alkoholmißbrauch hat.

Diese prozentuale Beteiligung allein aber bringt die Frauen kaum dazu, sich zwischen ihren Auftritten so aggressiv und handfest an die anwesenden Gäste heranzumachen. Es ist die Angst, im nächsten Monat keine Stelle mehr zu bekommen. Denn arbeitslos sein, heißt nicht nur, ohne Einkommen zu sein, arbeitslos sein heißt möglicherweise, aus der Schweiz ausgewiesen zu werden.

Im Kanton Zürich zum Beispiel wird die Aufenthaltserlaubnis nach mehr als einmonatiger Arbeitslosigkeit nicht mehrt erneuert, die Frau muß in ihre Heimat zurück. Das wissen die Patrons und drohen bei Schwierigkeiten gern mit der Fremdenpolizei und der Ausweisung.

Selbst aus den Vorschriften über die Arbeitsbewilligung der Tänzerinnen läßt sich Profit schlagen. Da ausländische Tänzerinnen eine Aufenthaltsbewilligung für maximal acht Monate pro Jahr erhalten und nach Ablauf dieser Frist das Land verlassen müssen, hat sich ein eigener Markt um den Erwerb des roten Passes etabliert. Ledige Männer, meist aus dem Milieu, heiraten für die »Kleinigkeit« von bis zu 40 000 Franken Frauen aus der Dritten Welt. Der Weg in die Prostitution ist damit für einen Großteil von ihnen vorgezeichnet. Meist stehen Zuhälter und profimäßige Vermittler hinter solchen Scheinehen. Diese Leute bezahlen dem angehenden Ehemann eine gewisse Summe für seine Dienste, den Löwenanteil streichen sie selbst ein. Handelt es sich um Zuhälter, profitieren sie anschließend auch von den Einkünften der Frauen. In Abwandlung der Aussage von Margarita Cordero, der dominikanischen Journalistin, könnte man dazu sagen: »Keine Frau aus der Dritten Welt ist zu arm, als daß nicht Männer aus den reichen Industrienationen noch Profit aus ihr herausholen können.«

Aus vertrauenswürdiger Quelle haben wir erfahren, daß heute auch aidskranke Männer als Ehemänner für Frauen aus der Dritten Welt »benutzt« werden. Unserer Gewährsperson sind zwei Fälle von aidskranken Schweizern bekannt, die, vermutlich gegen Entgelt, Frauen aus der Dritten Welt geheiratet haben, damit diese Frauen nachher (als Schweizerinnen) in der Schweiz als Prostituierte arbeiten konnten.

Politische Vorstöße zur Verbesserung der Situation der Frauen aus der Dritten Welt in der Schweiz

Eine der Folgen des Sextourismusbooms in den siebziger Jahren war, daß immer mehr Frauen aus der Dritten Welt in die Schweiz kamen oder gebracht wurden, um hier in der Sex- und Vergnügungsindustrie unter anderem als Go-go-Tänzerinnen zu arbeiten.

Nachdem das Westschweizer Fernsehen 1981 den Fall einer Philippinin, die hier als Go-go-Tänzerin arbeitete, publik machte und die *Erklärung von Bern* in der Folge einen Prozeß gegen den Arbeitgeber dieser Frau anstrengte, begannen sich auch Politikerinnen und Politiker für diese Frau einzusetzen.

1981 reichte Nationalrat Leuenberger eine Interpellation bezüglich »Artistinnen« aus der Dritten Welt beim Bundesrat ein.

Ich frage den Bundesrat an:

1. *Ist er nicht auch der Meinung, daß sogenannte Go-go-Girls nicht als »Artisten« im Sinne von Artikel 3 Absatz 1 Buchstabe c der Verordnung über die Begrenzung der Zahl der erwerbstätigen Ausländer betrachtet werden sollten?*
2. *Wie vielen Go-go-Girls wurde in den letzten drei Jahren eine Aufenthaltsbewilligung erteilt? Wie verteilen sich die Bewilligungen auf die Kantone?*
3. *Würde sich für den Fall, daß der Bundesrat an seiner Interpretation des Begriffs »Artist« festhält, nicht allermindestens eine zahlenmäßige Beschränkung, sei es generell, pro Kanton oder pro Etablissement, zu welchen die Mädchen vermittelt werden, aufdrängen?*
4. *Erachtet der Bundesrat die tatsächliche wirtschaftliche Stel lung dieser Mädchen gegenüber ihren »Arbeitgebern« nicht*

auch als dermaßen schwach, daß die entsprechenden Verträge als unsittlich im Sinne von Artikel 20 OR zu betrachten sind?

5. *Ist der Bundesrat nicht auch der Meinung, daß durch die Vermittlung von Go-go-Girls aus armen Ländern der Dritten Welt die Nord-Süd-Problematik verschärft, und daß durch die Beschäftigung von rechtlich miserabel geschützten Stripteasetänzerinnen das Bild der Dritten Welt bei uns heute verfälscht wird?*
6. *Ist der Bundesrat bereit, seine Praxis ab sofort zu ändern und dies im nächsten Kreisschreiben des BIGA sowie bei der Ausarbeitung der Verordnung zum neuen Ausländergesetz zu berücksichtigen?*

Begründung

1. *Aus der Dritten Welt, vornehmlich Südostasien, der Karibik, Afrika und Südamerika werden durch Agenturen Mädchen in die Schweiz vermittelt, wo sie sich in zwielichtigen Etablissements als sogenannte Go-go-Girls betätigen müssen. Diese Tätigkeit besteht im wesentlichen darin, daß sie Gäste zu Alkoholkonsum animieren und sich vor den Zuschauern vollständig entkleiden müssen. Diese Tätigkeit interpretiert der Bundesrat als »artistisch« im Sinne von Artikel 3 Absatz 1 Buchstabe c der Verordnung über die Begrenzung der Zahl der erwerbstätigen Ausländer. Daher untersteht die Aufenthaltsbewilligung solcher Go-go-Girls keinerlei Kontingentierung, wovon denn durch die interessierten Etablissements und Agenturen auch hemmungslos Gebrauch gemacht wird. Unseres Erachtens drängt sich eine neue Interpretation der genannten Bestimmung mit Entschiedenheit auf, da die nun eingetretenen Auswirkungen der bisherigen Praxis (Ausbeutung, Prostitution etc.) nie der Sinn der Ausnahmebestimmung war. Was im übrigen an der Tätigkeit einer Stripteuse, die ja nie eine entsprechende Ausbildung genoß, artistisch sein soll, bleibt ohnehin schleierhaft.*
2. *Die Sendung »Tell quel« vom 2. Oktober 1981 der Télévision Suisse Romande hat davon gesprochen, daß 800 bis 900 Ar-*

beitsbewilligungen monatlich für solche Go-go-Girls erteilt würden. Diese Zahlen sind dermaßen schockierend, daß wir den Bundesrat um präzise diesbezügliche Angaben ersuchen.

3. *Dem Vernehmen nach soll das Bundesamt für Ausländerfragen bereits mehrfach auf diese Mißstände aufmerksam gemacht worden sein, unter anderem durch Vertreter kantonaler Fremdenpolizeistellen und schweizerischer Botschafter im Ausland. Auch das BIGA scheint die Problematik zu kennen, indem es im letzten entsprechenden Kreisschreiben nicht mehr davon spricht, Go-go-Girls seien als Artistinnen zu bezeichnen. Dessenungeachtet geht aber die alte Bewilligungspraxis weiter. Danach gibt es nicht einmal gegenüber den Etablissements oder den Agenturen eine zahlenmäßige Beschränkung der Bewilligungen. Diese können also mehr Mädchen »anstellen«, als bei ihnen überhaupt »arbeiten« können. Äußerst stoßend ist in diesem Zusammenhang, daß sich die fremdenpolizeiliche Kontrolle nur gerade darauf beschränken kann, ob die »Artistinnen« auch ja nicht in der Küche oder am Buffet des entsprechenden Betriebes arbeiten. Denn diese Tätigkeit würde für Ausländer der Zulassungsbegrenzung unterstehen und wäre für die Artistinnen also verboten. Unschwer auszudenken, welcher Nebentätigkeit sie denn faktisch nachgehen müssen, um zu einem Einkommen (vgl. nachstehend Ziff. 4) zu gelangen.*
4. *Auch wenn formell zwischen den Arbeitgebern und den importierten Mädchen korrekte Verträge bestehen, welche den Anforderungen der Arbeitsämter und der Fremdenpolizei durchaus gerecht werden, ist die Stellung der Ausländerinnen vollkommen rechtlos. In der Regel werden ihnen vom versprochenen Lohn die Bezahlung des Flugbillets, der »Vermittlungsgebühren« und weiterer angeblicher oder tatsächlicher Aufwendungen von Drittpersonen abgezogen, so daß sie entweder in der Schweiz oder durch die entsprechenden Kontaktleute in ihrem Heimatland wieder um den gesamten verdienten Betrag in der Schweiz gebracht werden. Ferner müssen sie den Paß hinterlegen und sind der Willkür ihrer Arbeitgeber vollkommen ausgeliefert.*

   So müssen sie diesem in der Regel eine sogenannte General-

vollmacht ausstellen und ihm sämtliche Rechte übertragen. Ihre Abhängigkeit wird dadurch erhöht, daß sie sich in einem völlig fremden Kulturbereich befinden, die Verträge in einer ihnen fremdem Sprache abgefaßt sind und sie deren Inhalt also nicht kennen. Die meisten ertragen den obligatorischen Alkoholismus nicht (wenn sie nicht auf den erforderlichen Alkoholkonsum animieren, werden sie mit »Bußen« bestraft, die ihnen vom Salär abgezogen werden), werden krank, ohne diesbezüglich versichert zu sein, leiden an Heimweh und werden depressiv. So sind sie in ihrer freien Entschlußfähigkeit wegen der totalen Abhängigkeit von ihren Arbeitgebern vollkommen gelähmt und somit übermäßig beschränkt. Da das ganze Vertragsverhältnis überdies nur gerade der Agentur und dem Etablissement Vorteile bringt, ist auch aus diesem Grunde ein solches Vertragsverhältnis trotz der Fremdenpolizei vorgelegtem korrektem Vertrag nichtig im Sinne von Artikel 20 OR. Dies sollte unseres Erachtens bei der Bewilligungspraxis auch berücksichtigt werden.

5. *Beinah alle Go-go-Girls stammen aus ärmsten Verhältnissen und sind als Frauen schon in der Heimat Not und Ausbeutung preisgegeben. Ohne Ausbildungsmöglichkeit können sie nur zum Teil unterbezahlte Arbeit als Dienstmädchen oder Kellnerinnen finden. Überleben könnten die meisten nur als Prostituierte. Die Aussicht, im Ausland schnell viel zu verdienen, stellt deshalb eine große Versuchung dar, die von den europäischen Agenten schamlos ausgenutzt wird. Indem dies toleriert wird, wird einem eigentlichen Sklavenhandel Vorschub geleistet, der letztlich die schreienden Ungerechtigkeiten in der Dritten Welt bloß noch zementiert. Die Regierungen der Entwicklungsländer können nämlich wegen des bescheidenen Zustupfes (geringer Beitrag), den die Mädchen aus Europa allenfalls mitbringen, sich weiterhin eine Politik erlauben, die darauf beruht, Rohstoffe zu exportieren, billige Arbeitskräfte für ausländisches Kapital zur Verfügung zu stellen und so die Entwicklung der armen Landgebiete, der Slums und ihrer Bevölkerung zu vernachlässigen.*
6. *Wir sind der Meinung, daß sich eine Änderung der Bewilligungspraxis aus Gründen der Menschenwürde, der Achtung*

der Frau und der Solidarität mit den Ärmsten dieser Welt aufdrängt.

Der Bundesrat reagierte rasch und wies die kantonalen Fremdenpolizeien an, Go-go-Girls und Animierdamen keine Arbeitsbewilligung als Künstlerinnen mehr zu erteilen, mit der Begründung, daß sie keine Artistinnen seien. Damit wurden die Go-go-Girls den übrigen ausländischen Arbneitnehmern gleichgestellt und der Verordnung über die Begrenzung der ausländischen Arbeitnehmer in der Schweiz unterworfen.

Diese Maßnahme, von engagierten Gruppen und Personen als Erfolg verbucht, hat sich als nutzlos erwiesen. Die Agenturen fanden rasch Abhilfe. Die Go-go-Girls mußten nun einen Tanzkurs von einem Tag absolvieren und dafür teuer bezahlen. Damit waren sie diplomierte Tänzerinnen und unterliefen so die vom Bundesrat erlassenen Weisungen.

Heute sind wir wieder beim Zustand vor der Interpellation mit dem Unterschied, daß in allen Kantonen die Frauen obligatorisch gegen Krankheit und Unfall versichert sein müssen. Da die Kontrolle besonders bezüglich der Krankenversicherung offensichtlich schwierig ist, kommt es immer und immer wieder vor, daß die Frauen trotz der Versicherungspflicht nicht versichert sind.

Amelia, die im Tessin als Go-go-Tänzerin arbeitete, hatte starke Ohrenschmerzen. Sie mußte sich einer kleinen Operation unterziehen. Als Amelia dies erfuhr, am 20. Mai, ließ sie sich von ihrem Arbeitgeber ihr Salär ausbezahlen und begab sich ins Krankenhaus. Dort merkte sie, daß sie nicht versichert war. Ihr Arbeitgeber hatte es unterlassen. Da aber die Auszahlung des Lohnes gleichbedeutend war mit der Beendigung des Arbeitsvertrages, hatte Amelia Pech gehabt; sie konnte ihren Arbeitgeber nicht zur Bezahlung der Rechnung einklagen, da sie ja zur Zeit der Spitalbehandlung gar nicht mehr bei ihm angestellt war. In einer Landgemeinde in der Innerschweiz weigerte sich ein Go-go-Lokalbesitzer, Krankenversicherungen für seine Tänzerinnen abzuschließen. Nun übernimmt die Gemeinde diese Aufgabe und damit auch die anfallenden administrativen Arbeiten. Dies, weil der Arbeitgeber seiner Verpflichtung nicht nachkommt. Wäre es in diesem Fall nicht eher angebracht, diesem Arbeitgeber die Bewilligung zur Beschäftigung von ausländischen Go-go-Girls zu entziehen?

Im Kanton Zürich haben sich die Arbeitsbedingungen in den Lokalen für die Frauen in einigen Belangen verbessert. So müssen die Umkleidekabinen von der Bühne aus direkt zugänglich sein. Die Frauen müssen nicht mehr wie früher einen entwürdigenden Parcours zwischen den Tischen durch zu ihren Umkleideräumen absolvieren, den Anzüglichkeiten der Gäste schutzlos preisgegeben.

Grundlegend hat sich aber durch die Interpellation Leuenberger nichts an der mißlichen Situation der Frauen aus der Dritten Welt in der Schweiz geändert.

Deshalb haben am 10. Dezember 1985 zwei Parlamentarierinnen, Barbara Gurtner und Anita Fetz, im Nationalrat ein Postulat gegen »Menschenhandel mit ausländischen Frauen und Mädchen, insbesondere aus Entwicklungsländern und Prostitutionstourismus« eingereicht:

Der Bundesrat wird gebeten, Maßnahmen und rechtliche Grundlagen auszuarbeiten, um

1. *gegen Touristikunternehmen vorzugehen, die mehr oder weniger offen mit Prostitution in Entwicklungsländern werben, sie ermöglichen oder vermitteln;*
2. *gegen Heiratsvermittlungsinstitute vorzugehen, die unter Ausnützung der Notlage der Frauen in der Dritten Welt, Ehen vermitteln, bei denen die Frauen aufgrund ihrer Herkunft, Sprache, Kultur und Bildungsstand in Abhängigkeit von Männern geraten und entsprechend leicht ausgenutzt werden können;*
3. *die »Einfuhr« von ausländischen Mädchen und Frauen aus Entwicklungsländern für Vergnügungslokale und Bordellbetriebe in der Schweiz zu stoppen;*
4. *im Rahmen eines Pilotversuchs eine Informationskampagne über die Zusammenhänge von Sextourismus, Prostitution, Heiratsvermittlung und sozialer Not in einem von diesen Problemen stark betroffenen Land Südostasiens, Afrikas oder*

Lateinamerikas durchzuführen. Die Ergebnisse sollen veröffentlicht werden und als Grundlage dienen für weitere diesbezügliche Projekte.

Begründung

Immer mehr werden Frauen und Mädchen, besonders aus Entwicklungsländern, zum Objekt menschenverachtender Geschäftemacherei in Industrieländern – auch in der Schweiz. Einschlägige profitorientierte Unternehmen sprechen gezielt Unsicherheit und Minderwertigkeitskomplexe, aber auch sexistische und rassistische Instinkte an und nutzen sie aus, um Kunden für ihr gewinnträchtiges, aber menschenverachtendes Gewerbe zu finden.

Die Tourismusindustrie trägt dazu bei, die Erniedrigung und sexuelle Ausbeutung der Drittweltfrauen zu verstärken. So besuchten 1964 noch 212000 ausländische Besucher Thailand, 1984 waren es über zwei Millionen, darunter rund 25000 Schweizer. Nach Schätzungen fallen rund 80 Prozent in die Kategorie Sextouristen.

Heute sind vor allem die folgenden drei Geschäftspraktiken gang und gäbe:

1. *Der Prostitutionstourismus, hauptsächlich in die Länder Südostasiens, Afrikas oder Lateinamerikas,*
2. *Heiratsvermittlung von ausländischen Mädchen und Frauen durch Agenten, die durch ihre Vermarktungsmethoden die menschliche Würde der betreffenden Frauen verletzen,*
3. *»Einfuhr« von ausländischen Mädchen und Frauen aus Entwicklungsländern für Vergnügungslokale und Bordellbetriebe in der Schweiz.*

Diejenigen Personen, die solche Geschäfte betreiben, nützen die Armut und Not von Mädchen und Frauen in diesen Ländern aus. Sie wissen, daß die Regierungen dieser Länder angesichts der wirtschaftlichen Situation nicht in der Lage sind, wirksame Maßnahmen gegen diese Art von Geschäften zu ergreifen.

Bis jetzt wurde von offizieller Seite kaum gegen die Verantwortlichen in irgendeiner Form vorgegangen. Das Geschäft blüht. Die neue »Verordnung über die Begrenzung der Zahl der erwerbstätigen Ausländer«, wonach nur noch Künstlern und Ar-

tisten sowie Tänzern, die eine künstlerisch-musikalische Darbietung erbringen, Aufenthalts- oder Arbeitserlaubnis erteilt werden soll, wird heute so umgangen, daß die Frauen und Mädchen gezwungen werden, Schweizer Männer zu heiraten. Skrupellos werden die Frauen in die Schweiz eingeführt, wo sie nachher in Konflikt mit dem bestehenden Straf-, Polizei- und Ausländerrecht kommen und deshalb um so leichter ausgenützt werden können.

In der Öffentlichkeit regt sich Widerstand. Seit Jahren weisen Frauenorganisationen, die Erklärung von Bern u. a. auf die Mißstände hin. Das FIZ (Fraueninformationszentrum Zürich), welches sich um die betroffenen Frauen kümmert, mußte bereits nach einem Jahr wegen Arbeitsüberlastung ausgebaut werden.

Im Kampf um das Sexgewerbe geht es nicht um Moral und gute Sitte, sondern um Ausbeutung und Machtansprüche. So schreibt eine autonome Frauengruppe in Deutschland: »Sexismus und Rassismus sind so tief verankert, daß es für die weißen Männer eine Selbstverständlichkeit ist, sich die Frauen der Dritten Welt nach ihren Bedürfnissen anzueignen – wie die Rohstoffe und Naturschätze dieser Länder.«

Bern, 10. Dezember 1985 *Barbara Gurtner*

Bundesrätin Frau Elisabeth Kopp hat sich bereit erklärt, das Postulat anzunehmen und zu prüfen.

In die gleiche Richtung zielt ein Vorstoß des *Dritte-Welt-Frauen-Informationszentrums* in Zürich, das sich mit den Problemen des Frauenhandels befaßt. In einem Brief an Frau Kopp wurden die gravierendsten Probleme der Go-go-Tänzerinnen aus der Dritten Welt dargelegt. Frau Kopp schrieb in ihrer Antwort, sie sei erschüttert. In der Folge setzte sie eine interdepartementale Arbeitsgruppe ein, welche die Situation der Frauen aus der Dritten Welt in der Schweiz prüfen, sowie Lösungsmöglichkeiten für deren Probleme ausarbeiten soll. Der Bericht soll noch 1987 erscheinen.

Teil III

»Das Zeitalter der Sklaverei ist noch nicht vorbei«

Prostitution und Frauenhandel am Beispiel

Thailand

REGULA RENSCHLER

Wenn hier die Rede ist von der Prostitution in Thailand, dann deshalb, weil sie im Zusammenhang mit den Kriegen der Weißen und mit den Vergnügungen der Weißen in diesem Land zu einem Massenphänomen ohnegleichen geworden ist. Der Soziologe Walter Meyer, der mehrere Jahre in Thailand gelebt hat, schreibt: »Die Prostitution wird hier zur kollektiven Entwürdigung und neokolonialistischen Ausbeutung. Denn entgegen der weitverbreiteten Auffassung, die Thais seien ein lockeres Völkchen und ihre Sexualmoral sei lasch und unkompliziert, sind ihre Moralbegriffe wesentlich strenger und komplizierter als bei uns.«[1] Prostitution habe es in Thailand schon immer gegeben, hört man oft als Rechtfertigung für den Sextourismus in dieses Land. So einfach ist es nicht. Um dieses Argument zu relativieren, will ich versuchen, mit Hilfe vor allem thailändischer Untersuchungen und Erklärungen von Frauen und Männern in Thailand, einiges aus der Geschichte darzustellen, woraus auch die heutige Situation besser verständlich wird.

Die Geschichte Thailands ist die Geschichte einer buddhistischen, einer patriarchalischen, einer polygamen und einer ständischen Gesellschaft. Zu allen Zeiten, von denen wir Kenntnis haben, war die Frau dem Mann untergeordnet, zu allen Zeiten hat es aber auch einzelne Frauen gegeben, welche die ihnen auferlegten Schranken durchbrachen und durch ihre Leistungen in der Geistesgeschichte, der Literatur und der Politik bewiesen, daß Frauen Männern auf diesen Gebieten in nichts nachstehen.

Die Wurzeln der Prostitution reichen weit zurück in die Geschichte Siams und sie hängen ohne Zweifel mit der untergeordneten Stellung der Frau zusammen. Vor dem 20. Jahrhundert war die Zahl der eigentlichen Prostituierten aber ziemlich sicher sehr klein. Welche Einflüsse für die Stellung der Frau in der Gesellschaft und für die Entwicklung der Prostitution maßgeblich waren, werten thailändische und ausländische Wissenschaftler und Wissenschaftlerinnen zum Teil sehr unterschiedlich.[2]

Die Frau im Buddhismus

Gerade von Frauen wird immer wieder darauf hingewiesen, daß der Buddhismus zur Unterdrückung der Frauen beigetragen habe. Die thailändische Soziologin und Publizistin Sukanya Hantrakul schreibt beispielsweise in einem Essay über Frauen und Prostitution in Thailand:

»Jede Beschreibung der Stellung der Frauen in Thailand muß den Hinayana-Buddhismus erwähnen, welcher in den letzten siebenhundert Jahren einen mächtigen Einfluß auf fünfundneunzig Prozent der Bevölkerung ausgeübt hat. Buddhisten glauben, daß das Leben des Menschen aus einer Kette von verschiedenen Leben besteht, wobei jedes durch das Benehmen im vorigen Leben bestimmt wird. ›Karma‹ bestimmt also auch das Geschlecht. Wenn man als Frau in dieses Leben hineingeboren wird, bedeutet dies, daß man in seinem vorigen Leben zuwenig Verdienste (›merits‹) erworben hat. Buddhisten streben die Perfektion durch das Nirwana an, eine unveränderliche Existenz, die nicht mehr von Wünschen, von Leiden oder von weiteren Wiedergeburten beeinträchtigt wird. Der beste Weg zum Nirwana ist das Mönchtum. Frauen war der Zugang zum Kloster lange Zeit untersagt, denn Frauen, so Buddha, sind die Feinde der Bemühungen um die Läuterung ... Auch heute noch besteht ihre Rolle in den Klöstern vor allem darin, den Mönchen die täglichen Pflichten des Alltags abzunehmen. Die Ordination eines Sohnes erhöht die Verdienste der Mutter und gibt ihr moralische Integrität. Einer Mutter ohne Söhne ist diese Möglichkeit verwehrt.«[3]

Da die Tempel früher gleichzeitig die Schulen beherbergten und Mönche als Lehrer fungierten, hatten Mädchen auch keinen Zugang zu einer Ausbildung. Erst 1935 ist die Primarschule in Thailand für alle Kinder obligatorisch erklärt worden.

Auch Srisurang Poolthupya, Professorin für Geschichte an

der Thammasat Universität in Bangkok, schreibt: »Der wichtigste Faktor der weiblichen Unterlegenheit ist die Religion. Nach der buddhistischen Doktrin, der Staatsreligion von Thailand, können Frauen leicht zur Sünde verführt werden. Sie gelten als moralisch schwach und sollten deshalb keine wichtigen Funktionen ausüben, die Männer vorbehalten sind. Lord Buddha nahm nur widerstrebend Frauen als Nonnen an, und der buddhistische Orden folgte später dieser Praxis, da man allgemein glaubte, daß Frauen nicht imstande wären, als geistige Lehrer die Menschen zum Nirwana zu führen und daß die Anwesenheit von Nonnen in den Klöstern den Orden verderben würde.«[4]

Khin Thitsa, eine Forscherin aus Burma, weist darauf hin, daß die Verachtung der Frau auch in Geschichten und Legenden des Volksglaubens zum Ausdruck kam, ferner in Sprichwörtern und Parabeln, die auch der religiösen Erziehung der Kinder diente und sie auf ihre Rollen in der Gesellschaft vorbereiteten. Die Anlage der Geschichten bleibt sich stets gleich: Der Mann strebt nach Reinheit und Weisheit, nach der geistigen Erfüllung. Er wird darin von einem ihm ergebenen weiblichen Wesen unterstützt – in der Regel seiner Mutter oder seiner Frau –, das ihm als Dienerin zur Seite steht. Im übrigen treten Frauen als Versucherinnen und Verführerinnen auf, sie werden als treulos, verschlagen, betrügerisch dargestellt, als wankelmütig in ihren Gefühlen. Abgewertet werde die Frau, schreibt Khin Thitsa, auch durch den Glauben, wonach von der Frau, besonders von ihrer Sexualität, eine Verunreinigung ausgehe, die dem Mann gefährlich werden kann. Dieser Glaube setzte sich in verschiedenen Vorschriften um, zum Beispiel sollen Frauenkleider niemals zusammen mit Kleidern von Männern gewaschen werden. Als besonders gefährlich gelten die vaginalen Säfte der Frau. Prostituierte bespritzen angeblich den Boden vor ihren Haustüren mit Wasser, das ihre Vaginalsekrete enthält, um dadurch Männer unwiderstehlich anzuziehen. (Das heißt, Männer können gar nichts dafür, wenn sie zu Prostituierten gehen!) Die Angst vor der Verunreinigung durch eine Frau ist mit ein Grund, weshalb viele Mönche vermeiden, eine Frau direkt zu berühren und sei es auch nur, um ein Eßgeschirr in Empfang zu nehmen.[5]

Ist der Buddhismus frauenfeindlich? Walter Meyer, ein Wissenschaftler, der selbst lange in Thailand gelebt hat, warnt in seiner Dissertation vor schnellen Schlüssen. Er schreibt: »Ich bin vielmehr der Ansicht, daß eine falsche Auslegung des frühen buddhistischen Gedankengutes und die Abweichung der thailändischen religiösen Bräuche vom ursprünglichen Buddhismus heute als Rechtfertigung und als Ideologie der Unterdrückung dienen. Deshalb sehe ich in der Rückkehr zu der ursprünglichen Interpretation der frühen buddhistischen Prinzipien, im Einklang mit den aktuellen Bedingungen der Gesellschaft, den wichtigsten Weg zur individuellen und zur sozialen Entwicklung im allgemeinen und zur Emanzipation der Frauen im besonderen. Auch wenn der frühe Buddhismus nicht frei war von patriarchalischen Zügen, so genossen die Frauen damals im Vergleich mit der brahmanischen und der heutigen thailändischen Gesellschaft doch einen höheren Status.«[6]

Polygamie und Sklaverei

Die ständische Gesellschaft Siams, das sogenannte »Sakdina-System«, entwickelte sich in der Ayuthaya-Periode (1450–1767), abgeschafft wurde es erst gegen Ende des 19. Jahrhunderts. (»Sakdina« war der Ausdruck dafür, wieviel Land ein Mann höchstens erwerben durfte und deutete seinen gesellschaftlichen Rang an.) Die Gesellschaft war hierarchisch aufgebaut, mit einem König von Gottes Gnaden an der Spitze. Zur Oberschicht gehörten nicht nur die Adligen, sondern auch die hohen Beamten, während die niederen Beamten dem gemeinen Volk zugerechnet wurden. Auf der untersten sozialen Stufe standen die Sklaven. Bis 1767 residierte der König in Ayuthaya, nach der Zerstörung der Stadt durch das feindliche Burma wurde die Hauptstadt nach Bangkok verlegt.

Sechs Monate jährlich mußten die Gemeinen dem König oder den Prinzen, welche die Provinzen regierten, Fronarbeit leisten, ganz ohne Entgelt. Diese Fronarbeit, die sogenannte »Corvée«, war die ökonomische Basis des thailändischen Feudalsystems. Während der Abwesenheit der Männer mußten die Frauen allein für die Familien sorgen.

Die Frauen galten von Rechts wegen als Besitz der Männer, sowohl in den oberen wie in den unteren Schichten. Ihr Los war aber sehr unterschiedlich, je nachdem, welcher Klasse sie angehörten. In der Oberschicht war die Polygamie die Regel. Reiche Männer hielten sich viele Frauen, Konkubinen, ganze Harems. Der Besitz vieler Frauen galt als ein Zeichen von Wohlhabenheit, war Ausdruck von Macht und Potenz. Das Recht unterschied verschiedene Kategorien von Frauen, die ein reicher Mann besaß: Die Hauptfrau gehörte meist seiner eigenen gesellschaftlichen Klasse an, und sie war in der Regel von seinen Eltern ausgesucht worden; die Nebenfrauen oder Konkubinen wählte der Mann selber aus oder er erhielt sie als Geschenk; durch die Heirat von Sklavenfrauen schließlich erwarb sich der Mann »merits«, Verdienste im buddhistischen Sinn. Die Konkubinen und die Sklavenfrauen waren der Hauptfrau unterstellt. Die Hauptfrau und die Favoritinnen unter den Nebenfrauen übten oft einen großen Einfluß auf den Mann aus.

Über seine Frauen und Töchter konnte der Mann frei entscheiden, er konnte sie auch verkaufen oder verschenken, um Schulden zu bezahlen oder um die Gunst eines Höhergestellten zu erwerben. Die Männer der unteren Schichten hatten weniger Frauen, oft nur eine einzige. Ihre Verfügungsgewalt war aber gleich wie die der Reichen.

Die Frauen der Oberschicht führten ein streng kontrolliertes Leben, sie verließen das Haus nur, um den Tempel oder Familienangehörige zu besuchen. Die Frauen der unteren Schichten trugen die Hauptlast der Gesellschaft. Während der Abwesenheit der Männer in der Zeit der »corvée« mußten sie deren Aufgaben zusätzlich zu den eigenen voll übernehmen. Daher kommt ihre große Bedeutung in der Wirtschaft des Landes, die bis heute anhält. Wollte eine Frau der unteren Schichten ihrer harten Tagesarbeit entgehen oder wollte sie sich in feiner Lebensart und in Künsten ausbilden lassen, so gab es für sie nur die Möglichkeit, die Konkubine eines reichen Mannes zu werden oder im Palast zu dienen.

Schon zur Ayuthaya-Zeit gab es eine beschränkte Zahl von Prostituierten. Frauen der Oberschicht, die gegen die Normen ihres Herrn und Meisters verstießen, konnten von diesem verkauft werden an einen Mann, der das Monopol besaß, sie zu prostituieren.[7] Dokumente aus jener Zeit weisen auch die Existenz von Bordellen nach, die mit einem Kmer-Wort »sam peng« genannt wurden, was die Bedeutung von »unsauber« beinhaltet. Siriporn Skrobanek meint, die Entstehung der Bordelle hänge möglicherweise mit der »corvée« zusammen. Sie schreibt: »Wo immer viele Männer ohne ihre Frauen zusammen sind, erfüllen Prostituierte deren sexuelle Bedürfnisse. Die Prostitution entwickelte sich in Thailand weder aus der Tempel-Prostitution wie in Indien noch aus dem Geisha-System wie in Japan, noch aus den Blumenvierteln wie in China. Prostituierte waren arme Frauen und sie waren nicht für die Herren der hohen Sakdina-Ränge gedacht, die ihre eigenen Harems besaßen. Prostituierte wurden deshalb gering geachtet, ihre Kinder galten als Ausgestoßene und wurden nur für die geringsten Arbeiten zugelassen wie das Hüten von Tieren oder das Waschen alter Kleider. Vermutlich wurden diese Frauen nicht aus eigenem Willen Prostituierte, sondern weil sie von ihren Eltern oder ihren Männern dazu gezwungen wurden oder in die Prostitution verkauft worden waren. Jedenfalls gab es zu jener Zeit nur eine geringe Zahl von Prostituierten und wahrscheinlich nur in der Hauptstadt.«[8]

Neben der Polygamie, welche in der Oberschicht die Prostitution ersetzte, nennt Walter Meyer drei weitere Gründe, weshalb die Prostitution sich zur Ayuthaya-Zeit nicht weiter ausbreitete: die Sklaverei, die es zuließ, daß Sklavinnen für sexuelle Dienste herangezogen wurden, auch für das Gebären von Kindern als spätere Arbeitskräfte, und in der Unterschicht der Umstand, daß für Mann und Frau eine Scheidung ohne weiteres gewährt wurde, was die Anziehungskraft anderer Beziehungen herabsetzte. Schließlich erwähnt Meyer den Umstand, daß es der Landbevölkerung bis ins 19. Jahrhundert verboten war, in die Hauptstadt zu ziehen.[9]

Erst in der zweiten Hälfte des 19. Jahrhunderts begann sich die Stellung der Frauen in der Gesellschaft langsam zu verbessern. Noch 1805, im »Three Seals Law Code«, war die schier absolute Macht der Männer über ihre Frauen bestätigt worden. Ein halbes Jahrhundert später erließ König Mongkut eine Reihe von Gesetzen, welche die rechtliche Abhängigkeit der Frauen verminderte und ihre soziale Stellung stärkte. Als Ende der Sklaverei gilt ein Gesetz aus dem Jahr 1868, welches den Verkauf von Frauen und Kindern verbot. König Mongkut war ein gebildeter Mann, der viele Jahre als Mönch gelebt hatte und der sich im Kontakt mit westlichen Missionaren intensiv mit wissenschaftlichen, religiösen und moralischen Vorstellungen aus dem Westen auseinandersetzte. Der Polygamie, dieser tief verwurzelten Tradition, die ja auch die Kraft und die Potenz des Herrschers ausdrückte, mochte er nicht abschwören, ebensowenig seine Nachfolger. Sie wurde erst 1935 offiziell abgeschafft, »unter dem moralischen Druck des Westens und weil Thailand als moderne, westliche Nation gelten wollte«.[10] Da die Polygamie bis heute weitherum in Thailand praktiziert wird – vor allem unter den Männern der Oberschicht –, hat sich das Monogamie-Gesetz nicht nur zum Vorteil der Frauen ausgewirkt. Die »Nebenfrauen« waren nun völlig rechtlos und besaßen auch in der Gesellschaft keine akzeptierte Stellung mehr, sie wurden zu »Mätressen«. Die Gesellschaft begann, zwischen »good girls« und »bad girls« zu unterscheiden. Noch heute legt man einem Ausländer, der eine Thailänderin heiraten möchte, nahe, ein »good girl« zu suchen. Es ist mehr als wahrscheinlich, daß das Monogamie-Gesetz zur Ausbreitung der Prostitution beigetragen hat.

Die chinesische Einwanderung und der wachsende Einfluß des Westens

Thailand ist nie eine Kolonie gewesen, trotzdem begannen Einflüsse aus dem Ausland im 19. Jahrhundert auch seine Wirtschaft stark zu beinflussen, was für unser Thema nicht ohne Bedeutung ist. Chinesische Einwanderer spielten eine immer größere Rolle. Einige kamen bereits als reiche Handelsherren nach Thailand und besetzten bald die Schlüsselstellungen im Handel. Die Chinesen brachten nicht nur ihr »Know-how«, sondern auch ihre Freizeitbeschäftigungen mit, die aus Trinken und Spielen, Opiumrauchen und Prostitution bestanden. Teehäuser sind chinesischen, Massagesalons japanischen Ursprungs.

Durch den Abschluß des Bowring-Vertrages geriet Thailand unter britischen Einfluß und als Folge davon in den Sog des internationalen Marktes. Die landwirtschaftliche Subsistenzwirtschaft wurde in eine exportorientierte umgewandelt, Hauptexportprodukt wurde der Reis, ein äußerst arbeitsintensives Produkt. Unter der Leitung von chinesischen und westlichen Kapitalherren entstanden neue Industrien, vor allem im Bereich der Edelhölzer (Teak) und der Metalle (Zinn). Fremdarbeiter aus China wurden ins Land geholt, und damit begann der Frauenhandel aus China nach Thailand. Schätzungsweise zweihundert bis dreihundert chinesische Mädchen und Frauen wurden jährlich zum Zweck der Prostitution mit chinesischen Fremdarbeitern nach Thailand vermittelt. Arme chinesische Bauern verkauften ihre Töchter oder übergaben sie Agenten als Kinderbräute.

Bis zum Zweiten Weltkrieg war die Mehrheit aller Bordelle in Bangkok chinesisch, d. h. dort arbeiteten chinesische Prostituierte für chinesische Kunden. Mit der Zeit begannen auch Thailänderinnen in Bordellen zu arbeiten, unter ihnen freigelassene Sklavinnen, denen oft kein anderer Weg übrig blieb. Die Mehrheit der Prostituierten blieb aber lange chinesischer Herkunft. 1928 beispielsweise waren von insgesamt 974 registrierten Prostituierten 813 chinesischer Abkunft, 153 thailändischer (siamesischer), sieben waren Vietnamesinnen und eine stammte aus Rußland. Von den 203 Bordellen mit behördlicher Bewilligung gehörten 167 Chinesen, 30 Thailändern (Siamesen), fünf Vietnamesen und eines war in russischem Besitz.[11]

Die Exportorientierung Thailands verschlechterte die Lage der Bauern. König und Adlige beanspruchten nun das beste Land für sich, die Bodenpreise stiegen, der Anbau von Nahrungsmitteln für den Eigengebrauch ging zurück. Billige Importgüter verdrängten das lokale Handwerk. Die Bauern litten unter der Last der »corvée«, sie mußten Abgaben und Zinsen zahlen, viele verschuldeten sich. Der Erlös aus den Exporten kam der Oberschicht zugute und den Geschäftsleuten, den Zwischenhändlern und den Geldverleihern, die häufig chinesischer Abkunft waren. Die einheimische Oberschicht indessen verwendete ihre neuen Einnahmen nicht für Investitionen im eigenen Land, sondern für den Import von Luxusgütern und zur Finanzierung ihres aufwendigen Lebensstils. So entstand keine neue einheimische Bourgeoisie, sondern Geschäftsleben und Handel wurden immer stärker die Domäne der Chinesen. 1978 wurde die nicht mehr zeitgemäße Fronarbeit abgeschafft, aber die Einkommen in der Landwirtschaft blieben tief. Es kam zu Engpässen in der Versorgung und sogar zu Hungersnöten.

Um gegen Aufstände im Inneren und um gegen die Ansprüche der französischen Kolonialmacht gewappnet zu sein, verstärkte der Nachfolger König Monkuts, Chulalongkorn, nach und nach die Armee. Sie wurde ein immer wichtigerer Machtfaktor, eine neue Klasse einflußreicher Männer entstand. 1932 wurde die absolute Monarchie mit einem Militärputsch abgeschafft und durch eine konstitutionelle ersetzt. Die Macht war endgültig vom König und der adligen Oberschicht auf die Militärs und die Bürokraten übergegangen. Das Königshaus blieb allerdings bestehen als stabilisierender Faktor und als Modell gesellschaftlicher Normen und Werte. Im 20. Jahrhundert wurde der Einfluß Großbritanniens und Frankreichs immer stärker durch den der USA ersetzt.

Die Lage der unteren Schichten verschlechterte sich im 20. Jahrhundert weiter. Die Politik der Militärs war auf Produktionssteigerung ausgerichtet, nicht auf die Erfüllung der Grundbedürfnisse der Menschen. Neue westliche Methoden in der Landwirtschaft – z. B. die Einführung von Kunstdünger und Pestiziden – machten die Bauern abhängig und verdrängten die Ärmsten an den Rand der Gesellschaft. Landflucht setzte ein in Richtung Bangkok. Aber auch die rasch expandierende Industrie war kein Ausweg aus der Not. Die

Löhne der Arbeiter waren tief, die Frauen verdienten noch weniger als die Männer. Es gab zu wenig Arbeitsplätze, die Arbeitslosigkeit wuchs, der informelle Sektor der Wirtschaft nahm an Bedeutung zu. Zum informellen Sektor gehört auch die Prostitution. Bis 1957 stieg die Zahl der Prostituierten auf schätzungsweise 20 000. Sieben Jahre später schätzt man die in der Sexindustrie beschäftigten Frauen auf 400 000, ihre Zahl hat sich verzwanzigfacht! Ob die Schätzungen nun stimmen oder nicht: die Zunahme ist unbestritten, und sie hat mit dem Tourismus und mit dem Vietnamkrieg zu tun.

Tourismus und Vietnamkrieg

Walter Meyer zeigt in seiner Dissertation, daß Thailand schon in der Zeit nach dem Zweiten Weltkrieg Ziel einer wachsenden Zahl von Touristen war, vor allem aus den Vereinigten Staaten. Ministerpräsident Sarit, der 1957 durch einen Militärputsch an die Macht gekommen war, förderte den Dienstleistungssektor und schuf die Voraussetzung für die Tourismusindustrie in Thailand. Um sein Land nach außen als »sauber, zivilisiert und stabil« erscheinen zu lassen, säuberte er die Straßen von Bettlern, Opiumhändlern, Prostituierten, von jungen Leuten mit langen Haaren, von allen, die das Image von Thailand gefährden konnten. Daß er selber, der Sex, Frauen und das Nachtleben liebte, 1960 die Prostitution verbot, ist nur für Nicht-Thailänder ein Widerspruch. Walter Meyer schreibt über diese Zeit:

»Während die Prostitution illegal erklärt wurde, wucherte sie in Wirklichkeit wie nie zuvor, für die unteren Schichten entstanden kleine, dreckige Bordelle, für die städtische Elite und die Touristen fand sie hinter der Fassade sogenannter ›anständiger‹ Etablissements wie Nachtclubs, Bars, Massagesalons und Coffeeshops statt.«[12]

Noch wucherte sie, nicht gerade im Verborgenen, aber sie war noch nicht in dem Maß öffentlich, wie sie es wurde, als die amerikanischen Soldaten kamen. Die Stationierung amerikanischer Truppen in Thailand während des Vietnamkrieges war eine Folge der engen Zusammenarbeit der thailändischen

Regierung mit den Vereinigten Staaten. Sie brachte dem Land Geld und Militärhilfe, sie schuf vorübergehend Arbeitsplätze und sie hinterließ einen Haufen Probleme; darunter die Mischlingskinder, die es nicht einfach haben in der thailändischen Gesellschaft. Die meisten Armeebasen entstanden in der ärmsten Provinz, im Nordosten, wo die Nachtlokale und die Bordelle nur so aus dem Boden schossen. Zu Tausenden reisten junge Frauen zu den Militärbasen in der Hoffnung auf einen Arbeitsplatz. Die einen verdienten ihr Geld in den als Nightclubs und Massagesalons getarnten Bordellen, andere wurden »Frauen auf Zeit« amerikanischer G.I.'s. Viele verbanden eine Arbeit im Service oder als Hausangestellte mit der Prostitution.

Im Rahmen der eigens für sie geschaffenen »Rest-and-Recreation«-Programme besuchten zudem amerikanische Soldaten auf Kurzurlaub Thailand, um sich von den Strapazen des Krieges zu erholen. Thailand war das wichtigste von mehreren südostasiatischen Ländern und Inseln im Pazifik, die für »R & R«-Programme herhalten mußten, was allerdings ganz im Sinne der Regierung war. Denn auch die Kurzurlauber brachten Geld ins Land, sie waren spendierfreudig, fühlten sich an keine Moral gebunden, wußten nicht, wie lange sie noch leben würden. Der Sextourismus erfuhr durch die »R & R«-Programme großen Aufschwung. Hotels mit der ganzen Sexinfrastruktur drumherum entstanden, sie trugen Bangkok bald den Ruf des größten Bordells der Welt ein. 1969 waren fast 50 000 G.I.'s in Thailand stationiert, über 70 000 besuchten das Land als Kurzurlauber.

Mit der Zahl der Militärtouristen stieg auch die Zahl der übrigen Thailand-Besucher; die Ankünfte nahmen zwischen 1965 und 1973 um durchschnittlich 22 Prozent jedes Jahr zu. 1966 besuchten rund 200 000 Menschen Thailand, 1975 waren es 1,1 Millionen und 1985 bereits 2,4 Millionen. Unter den Devisenbringern rückte der Tourismus von der sechsten Stelle im Jahr 1976 auf die zweite im Jahr 1980 und auf die erste im Jahr 1983. Der Rückzug der amerikanischen Soldaten anfangs der siebziger Jahre bedeutete keinen Einbruch, die Touristen übernahmen die Einrichtungen der »Rest-and-Recreation«-Industrie, samt den Frauen. Nur im abgelegenen Nordosten entsprach die Nachfrage nicht mehr dem Angebot.

Daß die Möglichkeiten der Vergnügungsindustrie nicht der einzige, aber ein wichtiger Grund für Thailandreisen war, darüber täuschte sich niemand, auch die Regierung nicht. Oft zitiert wurde seither die Rede, die der stellvertretende Premierminister Boonchu Rojanasathjen 1980, im »Jahr des Tourismus«, vor den Provinzgouverneuren hielt und in der er sie ziemlich unverblümt zur Förderung des Sextourismus aufforderte: »Ich möchte Sie um Ihre Mitwirkung bitten bei der Schaffung neuer Touristenattraktionen, auch solcher im Bereich gewisser Vergnügungen, die viele von Ihnen vielleicht als widerlich empfinden«, sagte der stellvertretende Regierungschef, während die hohen Beamten kicherten, »aber wir müssen es diskret tun, damit die Öffentlichkeit nicht etwa meint, wir würden dies offen unterstützen.«[13] Die »diskrete« Förderung gelang, wie die oben zitierten Zahlen zeigen.

Über den Zusammenhang zwischen Tourismus und Prostitution sagte der stellvertretende Rektor der Thammasat-Universität in Bangkok, Prof. Kirkiat Phipatseritam, in einer öffentlichen Diskussion sechs Jahre später, im Februar 1986: »In Thailand sind wir gewohnt, mehr auszugeben als wir verdienen. Auf staatlicher Ebene hat dies zu immer größeren Handelsdefiziten und zu immer höheren Schulden geführt. In dieser Zeit hat der Dienstleistungssektor, der Tourismus miteingeschlossen, zum Überleben des Landes beigetragen, der Tourismus ist sogar zur wichtigsten Quelle von Devisen geworden ... Wenn man die materielle Entwicklung und das Pro-Kopf-Einkommen Thailands betrachtet, dann steht unser Land im Vergleich beispielsweise mit Burma viel besser da. Wenn man aber die Lebensqualität einbezieht, dann habe ich da meine Zweifel ... Wenn wir mit mindestens 700 000 Prostituierten rechnen, die im Durchschnitt 200 Baht im Tag verdienen, dann bringt das Sexbusineß wenigstens 42 Millionen Baht Umsatz im Jahr. Kein Wunder, daß die Behörden beide Augen zudrücken, wenn von der Ausbreitung der Prostitution die Rede ist. Einige Leute in Schlüsselpositionen befürworten die Prostitution sogar öffentlich, obwohl sie illegal ist. Ein

Beispiel, wieviel Wert die Regierung auf Tourismus und Prostitution legt, an dem es nichts zu deuteln gibt, ist Pattaya. Wissen Sie, wieviel Geld bereits in die touristische Entwicklung Pattayas gesteckt worden ist? Nicht weniger als 100 Millionen Baht! Für wen ist dieser Tourismus? Wer profitiert davon? Man kann zwar nicht sagen der ›Verkauf‹ unserer Frauen gehöre zum Programm der Regierung, aber in Tat und Wahrheit hat die Förderung des Tourismus die Prostitution und alle anderen Formen des Sexgeschäfts anwachsen lassen. Je mehr ›Entwicklung‹ in Thailand, desto mehr ›Prostituierte‹. Wir sind eine Weltmacht geworden, wenn Prostitution das Maß ist, mit dem Größe gemessen wird.«[14]

Die Touristen schufen dann auch in ihren Herkunftsländern eine Nachfrage nach asiatischen Frauen. Es entstand ein organisiertes Geschäft, das thailändische und andere südostasiatische Frauen nach Japan, Hongkong und in die Industrieländer des Westens vermittelte, als Ehefrauen, als Tänzerinnen, als Prostituierte. Der Lebensstandard der reichen Touristen lockte, Go-go-Girls und Prostituierte entdeckten bald, daß sie in Übersee das Zehnfache dessen verdienen konnten, was sie zu Hause erarbeiteten. Eine neue Kategorie von Fremdarbeiterinnen zieht aus den armen Ländern des Südens in die reichen Länder des Nordens. Ihre Schönheit ist gefragt, aber auch ihre Fähigkeit, den von den europäischen Frauen angeblich frustrierten Männern ihre Überlegenheit zurückzugeben – wenigstens für eine kurze Zeit –, indem sie ihnen freundlich und sanft begegnen. Solches wenigstens ist den Äußerungen der Sextouristen und Barbesuchern zu entnehmen. Nach längeren Aufenthalten in Europa kam die Künstlerin und Publizistin aus Burma, Khin Titsa, zu folgenden Schlüssen: »Daß sich der Sextourismus so entwickelt hat, hängt mit der Beziehung zwischen Mann und Frau im Westen zusammen. Die Frauen haben begonnen, ihre traditionelle Rolle in Frage zu stellen. Die Männer haben diese Konfrontation oberflächlich akzeptiert, ohne den Wechsel tief innen zu vollziehen. Sie sind noch unsicherer geworden und brauchen die Zärtlichkeit, für die Asiatinnen so berühmt sind. Dort fühlen sie ihre Männlichkeit bestätigt – anstatt angegriffen. Und der Beziehung zwischen Mann und Frau fehlt viel Zärtlichkeit – aber vielleicht ist das eine nötige Phase, ich weiß es nicht.«[15]

Heute sind schätzungsweise eine Million junge Mädchen und Frauen im thailändischen Sexgeschäft involviert, sei es, daß sie voll als Go-go-Girls, Masseusen, Prostituierte arbeiten, sei es, daß sie von Zeit zu Zeit ihr mageres Einkommen durch Gelegenheitsprostitution aufbessern. Davon sind rund fünf Prozent oder 50 000 unter 14 Jahre alt. Ihre Zahl nimmt ständig zu.[16]

Während Kinder und ganz junge Mädchen in Bordelle verkauft und verschleppt werden, wählen junge Frauen armer Familien selbst die Arbeit im Sexbusineß oder lassen sich von Mittelsmännern und Agentinnen, von Freundinnen und weiblichen Verwandten, die bereits als Prostituierte arbeiten, dazu verlocken. Siriporn Skrobanek unterscheidet zwischen erzwungener und »freier« Prostitution (forced and »free« prostituion), die »Freiheit« dieser Wahl ist sehr relativ. Ökonomischer und gesellschaftlicher Druck sind am meisten verantwortlich dafür, daß junge Frauen im Sexbusineß ein Auskommen suchen. Daneben spielt allerdings auch der Wunsch nach Konsumgütern – für uns selbstverständliche Dinge – eine gewisse Rolle und die Sehnsucht, dem eintönigen, ärmlichen Landleben zu entfliehen. Die Werbung, aber auch die Touristen und die Reichen im eigenen Land wecken solche Wünsche oder verstärken sie.

Armut, Doppelmoral und »consumerism«

Die Frauen tragen immer noch die Hauptbürde der politischen, ökonomischen und gesellschaftlichen Entwicklung des Landes. Es hat sich eine Art Doppelmoral herausgebildet, die von der Gesellschaft akzeptiert wird und die den Männern zugute kommt. Dr.B., Lehrer an der »Children Village School« in Kantchaburi, einer Schule nach Vorbild Rudolf Steiners, sagte mir in einem Gespräch über Erziehung im Mai 1984: »Die Mädchen werden dazu erzogen, dem Mann zu gefallen und ihm zu dienen; diese gleiche, untergeordnete Stellung zwingt sie dazu, die Verantwortung für die Familie zu übernehmen, weil der Mann nach seinen Gelüsten leben darf und Frau, Freundin oder Nebenfrau, Kinder und Großfamilie leicht verläßt.«

Töchter können sich »merits«, Verdienste, für das folgende Leben erwerben, indem sie für ihre Eltern materiell sorgen, Söhne tun dies, indem sie Priester auf Zeit werden, auch für ganz kurze Zeit, und im Kloster für das Seelenheil der Eltern beten. Söhne sind mehr wert als Töchter, eine Frau, die keine Söhne hat, wird bedauert, weil kein Sohn für ihre Seele sorgt. Der Mann darf weggehen, die Frau ist verpflichtet, für die Familie zu sorgen. Eine schwierige Aufgabe angesichts der niedrigen Frauenlöhne. Frauen in der Landwirtschaft verfügen kaum über eigenes Geld. Arbeiterinnen in der Industrie verdienten 1984 rund 1500 bis 2000 Baht, die Löhne der Männer waren um 20 bis 40 Prozent höher. Die Arbeitsbedingungen in den Fabriken sind schlecht, oft regelrecht gesundheitsschädigend. Kontraktarbeiterinnen, die für eine bestimmte Arbeit bezahlt werden, bekommen eher weniger Lohn und arbeiten länger, bis zu 15 Stunden täglich. Am meisten ausgebeutet werden die Frauen und Kinder in den Klein- und Familienbetrieben und in den illegalen Kleinfabriken, sie erhielten 1984 nur durchschnittlich 500 bis 1000 Baht im Monat. Sie sind der Willkür ihrer Arbeitgeber ausgeliefert und haben keine sozialen Sicherheiten. Oft sind sie gezwungen, auf engstem Raum an ihrem Arbeitsort zu schlafen und zu essen.[17]

Auch im Dienstleistungssektor sind die Löhne tief. Weibliche Hausangestellte, die bei ihren Arbeitgebern schlafen und essen, gaben 1984/85 Löhne von rund 400 Baht an, Angestellte in Hotels, Restaurants und Coffee Shops solche von rund 800 bis 1500 Baht. Selbst gut ausgebildete Frauen verdienen vergleichsweise wenig, eine Bankangestellte mit guten Englischkenntnissen nannte als Einkommen 3000 Baht, eine Ärztin an einem staatlichen Krankenhaus ein solches von 8000 Baht. Die Löhne sind seither kaum gestiegen. 1987 beträgt der Grundlohn 73 Baht pro Tag in Bangkok, 61 Baht in der Provinz; laut Gesetz dürfen keine Unterschiede gemacht werden zwischen Frauen- und Männerlöhnen.

Das Sexbusineß ist der einzige Wirtschaftszweig, der ohne weiteres höhere Einkommen bietet, allerdings sind die Unterschiede sehr groß. Während die in geschlossenen Bordellen wie Sklaven gehaltenen Mädchen kaum mehr als die Hausangestellten bekommen, verdienen gute Masseusen, Go-go-Girls und freie Prostituierte im Durchschnitt 5000 Baht im Monat, viele bis 10000 und mehr, in Einzelfällen viel mehr.

Die Doppelmoral der Gesellschaft besteht darin, daß sie die Prostituierten, ihr Einkommen und ihre Solidarität braucht, sie aber gleichzeitig erniedrigt. Prostituierte sind »bad« girls, die oft keine Chance auf eine gute Heirat haben. Die zwiespältige Haltung der Regierung hat Prof. Kiriat bereits beschrieben. Prostitution ist in Thailand zwar verboten, aber dennoch weit verbreitet und weder geographisch auf die großen Städte noch gesellschaftlich auf bestimmte Schichten beschränkt. Bordelle gibt es im ganzen Land, jeder geht hin.

Der Norden und der Nordosten Thailands sind von der Emigration der jungen Frauen und vom Kinderhandel besonders betroffen. Etwa zwei Drittel aller Prostituierten stammen aus diesen Gegenden. Der Nordosten ist die trockenste und ärmste Region des Landes, dort ist oft nur eine einzige Ernte pro Jahr möglich. Viele Familien im Nordosten müssen zudem ohne Väter und erwachsene Söhne auskommen, weil diese als Gastarbeiter in den Golfstaaten weilen. Trotz der beträchtlichen Zuwendungen von Familienangehörigen, die in Bangkok oder im Ausland arbeiten, verarmt der Nordosten immer mehr. Und dort lebt immerhin ein Drittel der Bevölkerung Thailands. Auch den Kleinbauern des Nordens gelingt es immer weniger, ihre Familien zu ernähren. Sie haben zu wenig Land, und die Pachtlasten sind oft zu schwer. Dies zeigt den heutigen Zusammenhang zwischen Armut und Prostitution. Aber Armut ist nicht der einzige Grund.

Die hellhäutigen Mädchen aus dem Norden gelten als die schönsten Frauen des Landes. Der Norden, fruchtbarer als der Nordosten, unterscheidet sich laut Prapoth Srites von den anderen Regionen Thailands insofern, als Prostituierte, die es materiell zu etwas bringen und ihre Familien mit Geld und Geschenken unterstützen, durchaus geachtet und nach ihrer

Rückkehr ins Dorf sogar begehrte Ehefrauen seien. Manche Eltern unterstützen dort die Emigrationswünsche ihrer Töchter, da sie von deren Verdienst profitieren.[18] Die Werbung für Konsumgüter erreicht heute mittels Radio und Fernsehen auch die abgelegenen Gegenden und weckt bei der Landbevölkerung Wünsche, die sie nicht befriedigen kann. Der Fernseher, den die Tochter aus Bangkok nach Hause bringt, ist hochwillkommen, die Kleider, die sie trägt, ihr Make-up und ihr Schmuck verführen andere junge Mädchen aus dem Dorf, ihr Glück in Bangkok zu suchen.

Das Sexgeschäft und seine Nutznießer

Ich stütze mich bei der Beschreibung der Lebens- und Arbeitsbedingungen der Prostituierten auf die Aussagen der Thais, Männer und Frauen, die in der *Northerners' Relations Group* arbeiten, einer Gruppe, die Prostituierten aus dem Norden zu helfen versucht und dies oft unter Einsatz ihrer eigenen Sicherheit tut. Wir hatten die Gruppe während unserer Thailandreise kennengelernt.[19] Ferner auf Aussagen anderer Thais und Ausländer, die sich für eine Lösung des Problems engagieren und auf eigene Diskussionen mit Prostituierten.

Vor allem aus dem Nordosten stammen die am meisten geknechteten und ausgebeuteten Prostituierten, die sogenannten »bonded girls«, die von ihren Eltern einem Agenten gegen Vorschuß übergeben werden und die in Bordellen eingesperrt leben wie in einem Gefängnis. Bordelle werden vor allem von Einheimischen besucht, auch Teahouses, Motels und Nummernhotels sind Bordelle. Die »bonded girls«, die »gebundenen« Mädchen, bekommen keinen Lohn, höchstens ein Trinkgeld, Zuhälter kontrollieren sie und zwingen sie auch mit Gewalt zur Arbeit. Dem Etablissement müssen sie fast rund um die Uhr zur Verfügung stehen. Viele sind sehr jung, fast noch Kinder. »In einer Gesellschaft, in der die Jungfräulichkeit einen hohen Wert besitzt, ist es nur logisch, daß der Trend zu den jungen und den ganz jungen Mädchen geht", sagte uns ein Thailänder in einem Gespräch über die Kinderprostitution. Auch die vor allem von Thais chinesischer Abstammung geteilte Überzeugung, wonach Sex mit einer Jungfrau das eigene Leben verlängere, fördert die Kinderprostitution. Für den »virginity breaking rite« werden den Bordellbesitzern hohe Summen bezahlt.

Andererseits sind aber auch viele junge und ganz junge Männer Kunden der Teehäuser und Bordelle, da sie ihrerseits unter dem Druck stehen, ihre Männlichkeit beweisen zu müssen. »Je schäbiger das Etablissement, desto mehr Kinder werden angeboten«, stellte der Arzt Tebhanom Muangman fest, »Kinder sind leichter zu kontrollieren und billiger zu kaufen.«[20]

Über die Agenten schreibt Prapoth Srites: »Es gibt viele verschiedene Sorten von Agenten im Frauen- und Mädchenhandel. Sie überreden die Mädchen, sich ihnen anzuvertrauen und mit ihnen zu gehen. Dann schließen sie die Mädchen in Bordellen ein und zwingen sie mit Gewalt, ihre Körper zu verkaufen. Unter diesen Agenten gibt es auch Frauen, die früher selber Prostituierte waren und die nun als Zwischenhändlerinnen arbeiten. Sie stammen in der Regel aus der Gegend, in der sie Mädchen rekrutieren und haben deshalb das volle Vertrauen der Bauernbevölkerung. Als Agenten fungieren aber auch Bürgermeister, Dorfvorsteher, Lehrer, lokale Kaufleute und andere Mitglieder der Gesellschaft.«[21]

Während die Agenten behaupten, die meisten Kinder und Mädchen würden von ihren Eltern verkauft, meinen Beobachter der Szene, daß die Agenten den Eltern in ländlichen Provinzen nur die halbe Wahrheit erzählen oder gar Lügen auftischen. Den Eltern werde lediglich gesagt, daß ihre Töchter in einem Restaurant servieren würden, wo sie den Vorschuß abarbeiten könnten, den ihre Eltern erhalten haben.

Wie ist dieser Handel möglich? »Besitzer und Leiter von Bordellen und anderen Lokalen, die Prostitution anbieten«, schreibt Prapoth weiter, »genießen den Schutz eines ganzen Netzes von reichen und einflußreichen Leuten, Politikern auf allen Ebenen, Polizisten und Geschäftsleuten der Dienstleistungsbranche. Sie bekommen von diesen Rat und finanzielle Zuwendungen.«[22] Dies erklärt die empörende Tatsache, daß die Prostituierten, wenn es zu Bestrafungen kommt, ver-

gleichsweise viel stärker bestraft werden als Bordellbesitzer und Agenten.

Zurück zu den »bonded girls«. Wenn die Vorschüsse abbezahlt sind, können die Prostituierten weiter gegen Lohn in Bordellen arbeiten – manchen bleibt nichts anderes übrig – oder sie wechseln in ein Hotel oder in einen Massagesalon oder sie werden »freie« Prostituierte, die sich meist an Orten, wo Ausländer verkehren, Kunden suchen. Zu den Ausländern gehören in erster Linie Touristen und Marinesoldaten auf Kurzurlaub. Obwohl die Konkurrenz unter den freien Prostituierten groß ist und sie den Schikanen durch die Polizei ausgesetzt sind, ziehen manche Frauen diese Form der Arbeit vor, weil sie unabhängiger sind. Am besten verdienen die Frauen, die als Go-go-Girls in Lokalen arbeiten, in denen Touristen aus den westlichen Industrieländern verkehren und freie Prostituierte, die ihre Dienste Männern aus aller Welt anbieten können. Dazu gehören insbesondere die Sextouristen aus Malaysia und Singapore, die – zum Teil im kleinen Grenzverkehr – den größten Anteil der ausländischen Touristen stellen, und die zunehmende Zahl der Sextouristen aus den arabischen Golfstaaten. Die Zahl der freien Prostituierten, die mit Zuhältern zusammenarbeiten, ist nicht groß. Trotzdem profitieren eine ganze Reihe von »Zwischenhändlern« von ihnen, Taxifahrer, Hotel- und Barbesitzer, Kellner etc.

Zu den jungen Frauen, die in der Prostitution mit reichen Ausländern gut verdienen, gehören auch jene, die für »Escort Services« arbeiten. Noch besser verdienen allerdings die Manager dieser Agenturen, die in Bangkok in den letzten Jahren wie Pilze aus dem Boden schossen. In Inseraten bieten die »Escort Services« Frauen als Begleitung an, jedermann und jede Frau weiß, daß dazu der Geschlechtsverkehr mit den Kunden gehört. Die Kunden sind vor allem in- und ausländische Geschäftsleute, die Kosten für die »Begleitung« dürften nicht selten als Spesen abgebucht werden. Aus einer Untersuchung über »Escort Services« im »Thai Development Newsletter« geht hervor, daß die meisten »Escorts« noch einer anderen Arbeit nachgehen, in einem normalen Job arbeiten oder zur Schule gehen.[23] Manche Agenturen rühmen sich, in ihren Angeboten auch Filmstars und Mannequins zu führen; die Preise sind entsprechend hoch.

Tänzerinnen und freie Prostituierte leben manchmal in Wohngemeinschaften zusammen, die ihnen die Wärme geben, welche ihnen die Gesellschaft vorenthält. Manche haben eigene Kinder oder Kinder von Kolleginnen bei sich, alle unterstützen ihre Familien und bringen bei ihren Besuchen zu Hause Geschenke mit. Die Prostitution als Ausweg für arme Familien in armen Regionen? Die »Bangkok Post« meint dazu: »Das ›neue Haus‹ für die Eltern ist eine Erfolgsstory, die nur ganz, ganz wenige Prostituierte von sich erzählen können. Die Erfolgreichen unter den Mädchen arbeiten als unabhängige Prostituierte, sie haben ein hohes Einkommen und sind bei guter Gesundheit. Sie brauchen keine Hilfe. Aber die Mehrheit der Prostituierten arbeitet in Bordellen und geschlossenen Häusern, sie sind in die Prostitution gezwungen oder hereingelockt worden und haben Angst vor der Flucht . . . Das größte Problem sind die Agenten, die Besitzer der Bordelle und Teehäuser und die Zuhälter, welche die Mädchen ausbeuten.«[24]

Der Wunschtraum vieler Prostituierter ist die Reise nach Übersee, die Arbeit in Europa und vor allem die Heirat mit einem westlichen Ausländer. Von einer Heirat versprechen sie sich die Lösung ihrer materiellen Probleme und die Möglichkeit, ihre Familie unbeschränkt unterstützen zu können. Die Touristen, vor allem die westlichen Touristen, tragen eine besondere Verantwortung für das Entstehen dieser Emigration. Da sie sich im Vergleich zu den asiatischen und arabischen Kunden spendierfreudiger geben und wohl auch – wie viele Mädchen sagen – freundlicher zu den Prostituierten sind, erwecken sie die meisten Wünsche nach Konsumgütern und die größten Hoffnungen auf ein besseres Leben in Europa. Allerdings wollen die Touristen sich dieser Verantwortung nicht bewußt werden, im Gegenteil. Mit Hilfe ihrer starken Währungen nutzen sie die Situation rücksichtslos aus. Sextouristen aus Europa, den USA und Australien, aber auch aus Japan, den Golfstaaten und Malaysia, aus aller Herren Länder, sind die Komplizen des Frauenhandels und einer Emigration voller Risiko.

Tausende von Thailänderinnen arbeiten als Go-go-Girls und Prostituierte im Ausland; in Europa, im Nahen Osten, in Japan, in Hongkong. Genaue Zahlen sind nicht zu ermitteln, da die Frauen laufend verschoben werden.[25] Eine Minderheit geht auf eigene Faust, mit Hilfe von Freundinnen und Verwandten. Die Mehrheit wird von Agentenringen vermittelt, die Paß, Visum und Arbeitsplatz besorgen, häufig in Zusammenarbeit mit einem Reiseunternehmen. Für Paß und Visum müssen die Frauen hohe Summen bezahlen, je höher, desto schneller die Ausreise erfolgen soll. Wer nicht zahlen kann, muß das Geld abarbeiten.

Nach Aussagen der thailändischen Polizei ist eine eigene Stelle innerhalb der »Crime Suppression Division« gegründet worden, die gegen Agenten ermitteln soll. Wir haben 1984 mit einem Vertreter dieser Stelle gesprochen, er machte keinen Hehl aus den Schwierigkeiten innerhalb seiner eigenen Gesellschaft, die sich bei dieser Aufgabe stellen.

Den Frauen, die mit Touristen arbeiten und jenen, die ins Ausland gehen möchten, als Go-go-Girls oder mit Heiratsabsichten, steht in Bangkok das *Women's Information Centre* mit Informationen und Ratschlägen zur Seite. Unser aller Erfahrung hat nämlich gezeigt, daß die Frauen – nicht nur in Thailand – wenig oder nichts über die Arbeits- und Lebensbedingungen im Ausland wissen und deshalb um so leichter getäuscht und ausgebeutet werden können. Der Austausch von solchen Informationen ist eine der wichtigen Aufgaben von Gruppen und Organisationen, die sich mit dem Frauenhandel beschäftigen. Siriporn Skrobanek, die Leiterin der WIC, sagte in einem persönlichen Interview, daß etwa die Hälfte der emigrationswilligen Frauen nach einem Gespräch im WIC ihre Absicht, ins Ausland zu gehen, geändert hätte. Die Diskussionen mit Frauen in der »freien« Prostitution hätten ferner gezeigt, daß keine lange in diesem »Beruf« bleiben wolle, daß die Prostitution für sie nur eine Möglichkeit sei zum Überleben.

Die relativ hohen Einnahmen und die Unabhängigkeit, die vor allem Frauen hervorheben, die mit Touristen arbeiten,[26] sind teuer bezahlt. Aus Untersuchungen der Rechtsanwältin Malee Pruekpongsawalee und des Arztes Tebhanom Muangman geht hervor, daß vier Fünftel aller Prostituierten mindestens einmal eine Geschlechtskrankheit gehabt haben. Viele der jungen Mädchen seien blutarm und zu leicht für ihr Alter, viele nähmen regelmäßig zu Drogen und Alkohol Zuflucht, um ihre Situation besser aushalten zu können. Über die Hälfte der Untersuchten verwendeten Beruhigungsmittel, zum Beispiel Valium, »damit wir unsere Sorgen vergessen können«.[27] Dr. Muangman hat rund 1000 Angestellte von Massagesalons und über 300 Mädchen in Teehäusern und Bordellen befragt und untersucht. »Bonded« girls werden geschlagen und mit brutaler Gewalt gefügig gemacht. Die Mitglieder der *Northerners' Relations Group* berichteten von mehreren Fällen, bei denen Frauen von Zuhältern oder Freiern so zugerichtet wurden, daß sie starben. Selbst in der thailändischen Presse tauchen immer wieder Meldungen über solche »Unglücksfälle« auf. »Bruder, das Zeitalter der Sklaverei ist noch nicht vorbei«, sagte eine Frau in einem Bordell zu Prapoth Srites, »wer hat genug Mut, uns zu befreien?«

AIDS war bis vor kurzem kein Thema in Thailand. Zum einen, weil sich die bekannten Fälle bis im Frühling 1987 auf sechs Personen beschränkten, die inzwischen alle gestorben sind. Davon waren laut dem Gesundheitsministerium vier Ausländer und zwei Thais, letztere hätten sich durch Kontakt mit Ausländern angesteckt.[28] Zum andern, weil die Regierung bislang keine Informationskampagne durchgeführt hat – und auch keine plant –, »weil wir nicht wollen, daß das thailändische Volk Angst hat«. Mit dem Tourismus hat diese unbegreifliche Zurückhaltung angeblich gar nichts zu tun.[29] Die Lücke versucht nun eine Selbsthilfeorganisation in Thailand, *Empower*, zu füllen. Sie hat gut verständliche Poster entworfen, die über AIDS aufklären und zum Gebrauch von Kondomen raten. Die Poster sind in den Toiletten der Nachtlokale aufgehängt und von *Empower* verteilt worden.[30] Walter Meyer hält es für wenig wahrscheinlich, daß die tourismusorientierte Prostitution drastisch zurückgehen wird, »weil AIDS hier weniger stark auftreten wird als in anderen bekannten Sexmärkten der Welt und weil die thailändischen Prostituierten für westliche Touristen in einem sinnlich-sexuellen Zusammenhang attraktiv sind, der weit über den simplen Beischlaf hinausgeht. Bereits jetzt praktizieren viele thailändische Prostituierte ›soft-sex‹-Methoden, und es wird ihnen nicht schwer fallen, ganz zu ›soft-sex‹ überzugehen, wodurch die Gefahr stark herabgesetzt wird.«[31]

Die neuesten Zahlen scheinen den Prognosen recht zu geben. Fast aus allen Ländern meldet die »Tourist Authority of Thailand« (TAT) 1986 höhere Ankunftszahlen gegenüber 1985; siehe nebenstehende Tabelle ▶

Rechnet man die Zahlen auf die Bevölkerungszahlen der einzelnen Länder um, dann gehören beispielsweise die Schweizer zu den eifrigsten Thailand-Besuchern. Der Trend hielt auch 1987 an. In der Zeit vom Januar bis April 1987 war die Zahl der Ankünfte um 9,2 Prozent höher gegenüber der gleichen Zeitperiode im Vorjahr. Die TAT erwartet, daß die Zunahme bis Ende 1987 rund 15 Prozent betragen wird. Die für 1987 erwarteten Einkünfte aus dem Tourismus werden von der TAT mit 47 Mill. Baht angegeben.

Mitten unter uns

Es fällt einem immer wieder schwer zu glauben, daß mitten unter uns Frauen wie eine Ware gehandelt werden. Und doch ist es noch immer so. In der »Bangkok Post« vom 19. Februar 1987 erschien folgende Meldung (das Herkunftsland der Frauen könnte auch ein anderes Land der Dritten Welt sein, ihr Bestimmungsort hätte auch die Schweiz, Österreich, England, die USA etc. sein können):

»Die thailändische und die holländische Polizei arbeiten zusammen, um eine internationale Gangsterbande zu fassen, die thailändische Frauen zum Zweck der Prostitution nach

Kontinente (Regionen)	1986	1985	Zunahme in %	Anteil in %
Total	2818092	2438270	+ 15,58	100,00
Nord- und Südamerika	213410	192965	+ 10,60	7,57
Europa	552148	455329	+ 21,26	19,59
Südostasien und Pazifik	1695596	1435647	+ 18,11	60,17
Südasien	208958	215135	− 2,87	7,42
Mittlerer Osten	133004	127441	+ 4,37	4,72
Afrika	14976	11753	+ 27,42	0,53

Einzelne ausgewählte Länder:
(ohne Europa)

Malaysia	652887	553830	+ 17,89	23,17
Japan	261549	226517	+ 15,47	9,28
Singapore	220725	189861	+ 16,26	7,83
USA	172575	150765	+ 14,47	6,12
Taiwan	127133	68890	+ 84,54	4,51
Indien	114,871	120170	− 4,41	4,08
Australien	103317	98742	+ 4,63	3,67
Saudi-arabien	72111	57594	+ 25,21	2,56
Europa				
West-deutschland	114478	96473	+ 18,66	4,06
Frankreich	97540	70063	+ 39,22	3,46
Italien	51421	43194	+ 19,05	1,82
Schweiz	38665	32602	+ 18,60	1,37
Niederlande	30576	26583	+ 15,02	1,08
Schweden	24943	22254	+ 12,08	0,89
Dänemark	17844	19534	− 8,65	0,63
*Großbritannien	99489	81635	+ 21,87	3,53

Vermutl. inkl. der in Hongkong lebenden Briten

Holland und Westdeutschland lockt. Die Polizei bekam Wind von den dunklen Geschäften, nachdem eine Thailänderin in Den Haag als vermißt gemeldet worden war. Aus Quellen der thailändischen Sonderabteilung innerhalb der ›Crime Suppression Division‹, die sich mit Agenten des internationalen Frauenhandels befaßt, verlautete, die holländische Polizei befürchte, daß die Thailänderin ermordet worden sei. Ihr Name wurde mit ›Sri‹ oder ›Lilly‹ angegeben. Sri hatte in Thailand einen Europäer namens Anthony Fry geheiratet – seine Nationalität konnte nicht sofort festgestellt werden –, der sie nach Westdeutschland und Holland mitnahm, wo er sie angeblich zur Prostitution gezwungen hat. Laut denselben Quellen soll Fry bereits für weitere thailändische Frauen den Weg nach Holland und Westdeutschland vorbereitet haben. Fry wurde im vergangenen Oktober im Flughafen Don Muang verhaftet, als er auf die Rückkehr von zwei Thailänderinnen wartete, die von den holländischen Behörden abgewiesen worden waren. Die holländische Polizei verhaftete darauf im Dezember Frys angeblichen Komplizen, den Thailänder Nan Komarnsingh, unter der Anklage, der Prostitution Vorschub geleistet zu haben. In seiner Wohnung waren Bilder von Thailänderinnen gefunden worden.

Der CSD soll von der holländischen Polizei um Mithilfe bei der Aufdeckung des Prostitutionsringes gebeten worden sein. Laut Aussagen der Polizei haben Fry und Nan mindestens fünfmal Thailänderinnen nach Westdeutschland und die Niederlande gelockt, wobei sie jedesmal zwei bis drei Frauen mitnahmen. Das Paar soll in beiden Ländern Bordelle besessen haben.«

Anmerkungen

1 Unveröffentlichter Aufsatz

2 Ich stütze mich vor allem auf folgende Arbeiten:
- Sukanya Hantrakul, »The spirit of a fighter. Women and Prostitution in Thailand«, in der Zeitschrift »Manushi«, New Delhi, Okt./Nov. 1983

- Walter F. Meyer, »Beyond the Mask. Toward a transdisciplinary approach of selected social problems related to the evolution and context of international tourism in Thailand«, Thesis submitted to the University of Geneva, Manus. 1987
- Pasuk Phongpaichit, »Rural women of Thailand: from peasant girls to Bangkok masseuses«, ILO-World Employment Programme Research, Working Papers No. 14, Genf 1980
- Srisurang Poolthupia, »The changing role of Thai women«, Vortrag für die ›Seventh Conference of the International Association of Historians of Asia‹, Manus., Bangkok 1977
- Craig J. Reynolds, »A Nineteenth Century Thai Buddhist Defense of Polygamy and some remarks on the Social History of Women in Thailand«, Vortrag für die ›Seventh Conference of the International Association of Historians of Asia‹, Manus., Bangkok 1977
- Siriporn Skrobanek, »The Transnational Sexploitation of Thai Women«, Thesis submitted to the Institute of Social Studies, Den Haag, Manus. 1983
- Khin Thitsa, »Providence and Prostitution. Image and Reality for Women in Buddhist Thailand«, in »Change«, London 1980
- Yuangrat (pattanapongse) Wedel, »Modern Thai Radical Thought: The Siamisation of Marxism and its Theoretical Problems«, Thammasat University, Bangkok 1982

3 Sukanya Hantrakul, op. cit.

4 Srisurang Poolthupia, op. cit., S. 1

5 Khin Thitsa, op. sit., S. 20 ff

6 Walter Meyer, op. cit., S. 292

7 Walter Meyer, op. cit., S. 285

8 Siriporn Skrobanek, op. cit., S. 28/29

9 Walter Meyer, op. cit., S. 287

10 Khin Thitsa, op.cit., S. 7

11 »Siam«, Report of the Council by the Commission of Enquiry into Traffic in Women and Children in the East, League of Nations, Geneva, 1933, S. 312

12 Walter Meyer, op. cit., S. 64/65

13 Wiboon Nakornjarupong, »Patronage and the night queens«, Business in Thailand, November 1981, S. 44

14 Koson Srisang, »Tourism Promotion and its Effects on Thai Women«, Thai Development, Newsletter, Second Quarter 1986, Volume 4, Number 1, S. 11

15 Berner Zeitung, 14. November 1983. Als Ergänzung möge noch eine Stimme eines Mannes dienen, der nach eigenen Angaben ein

Vierteljahrhundert lang Bordelle in Amerika, Südeuropa, Nordafrika und Asien besucht hat, zuerst als G.I. später als Angestellter der US-Regierung: »Schließlich gibt es da jene orientalische Weiblichkeit, die Schönheit, Anmut und Charme bedeutet, selbst bei einer Prostituierten. Nur ganz wenigen westlichen Frauen gelingt es, gleichzeitig ein leichtes Mädchen und eine Lady zu sein, während die meisten Asiatinnen dies perfekt können und erst noch mit Würde.« Paul Snyder, »Prostitution in Asia«, The Journal of Sex Research, Vol. 10, No. 2, May 1974, S. 127

16 Prapoth Srites, »Traffic in Children for Sexual Purposes«, Paper written as a presentation at a meeting in Penang, February 1986, S. 1

17 Somyot Pruksakasemisuk, »Women Workers in Thailand«, Thai Development, Newsletter, op. cit. S. 4–7; Pawadee Tongudai, »Women, Migration and Employment; a Study of Migrant Workers in Bangkok«, Dissertation, New York University, 1982, Manus., S. 123 ff

18 Prapoth Srites, op. cit., S. 1

19 Mit Georg Friedrich Pfäfflin im Herbst 1983

20 Bangkok Post, 10. März 1984

21 Prapoth Srites, op. cit., S. 2–3

22 Prapoth Srites, op. cit., S. 5–6

23 Kesaeng, »Escort Service: Beyond the Small Advertisement«, Thai Development, Newsletter, op. cit., S. 15–18

24 Bangkok Post, 8. März 1984

25 Vgl. die Zahlen bei Walter Meyer, op. cit., S. 353 ff

26 Erik Cohen, »Open-ended Prostitution as a Skillful Game of Luck: Opportunity, Risk and Security among Tourist-oriented Prostitutes in Bangkok«, The Hebrew University of Jerusalem, Manus., Juni 1983

27 Sanitsuda Ekachai, »The dark society«, Bangkok Post, 8. März 1984 (Artikelserie)

28 Bangkok Post, 8. Februar 1987
»AIDS and the Third World«, Panos-Dossier 1, London 1987, S. 63

29 Bangkok Post, 21. März 1987; Nation, 4. April 1987

30 Persönliche Mitteilung von »Empower«

31 Walter Meyer, op. cit., S. 487/488

Dominikanische Republik

ANNEMARIE SCHMITZ

»Wir garantieren Ihnen eine junge Dame als persönliche Begleiterin, die alles in ihrer Macht Stehende tun wird, um Ihren Aufenthalt so angenehm wie möglich zu machen.« So warb das italienische Reisebüro »Krisstours« im Männer-Magazin »Playmen« 1984 für Ferien in der Dominikanischen Republik. Dies ist kein bedauerlicher Einzelfall, wird doch in fast allen Plakaten, Werbebroschüren und Anzeigen, welche die Dominikanische Republik als Ferienparadies verkaufen, Bezug genommen auf die Schönheit der dominikanischen Frauen, ihre Liebenswürdigkeit, ihre Offenheit usw. Die Frau, spärlich bekleidet, wird zu einem Landschaftselement, gehört zu Strand, Palmen, Sonne, Meer und wird als ein Bestandteil einer Packagetour verkauft.

Das Ausmaß der Prostitution

Nach informellen Schätzungen gibt es rund 25 000 Prostituierte in Santo Domingo, der Hauptstadt der Dominikanischen Republik. Dieses Land liegt auf dem östlichen Teil der Insel Hispanola. Im Westteil liegt Haiti. Die Insel gehört zu den Großen Antillen und liegt zwischen Kuba und Puerto Rico. In der Dominikanischen Republik leben knapp 6 Millionen Menschen auf einer Fläche von rund 49 000 km². Hauptausfuhrprodukte sind Zucker, Kaffee und Gold, einen beträchtlichen Teil der Devisen erbringt der Tourismus.

Vom Ausmaß der Prostitution in der Hauptstadt kann aber nicht auf das Ausmaß in den übrigen Landesteilen geschlossen werden. Die Stadt ist das Hauptziel der vom Lande kommenden Migranten, sie ist Haupthandelszentrum, Verwaltungszentrum, Universitäts-, Touristen- und Hafenstadt in einem. Hier konzentrieren sich die meisten Arbeitsplätze und damit auch der größte Teil der Einkommen. Die Prostitution tritt hier auffälliger in Erscheinung als in den übrigen Landesteilen.

In den letzten Jahren hat jedoch eine Verlagerung stattgefunden. Im Norden der Insel wurden große Touristenkomplexe gebaut, vor allem für amerikanische Pauschaltouristen der oberen Preiskategorien. Dadurch hat sich hier ein weiterer Schwerpunkt der Prostitution entwickelt, neben den traditionellen Touristenorten wie z. B. La Romana im Osten der Insel und kleineren Touristenzentren, vor allem an der Nordküste und auf der Halbinsel Samaná im Osten des Landes.

Das Ausmaß der Prostitution in der Dominikanischen Republik ist statistisch nicht erfaßt. Ab und zu kommt es zu Schließungen von Bordellen, Anwohner beschweren sich über Belästigungen. 1983 zum Beispiel ordneten die dominikanischen Gesundheitsbehörden eine massive Schließung von 2000 Bordellen an. Schätzungen gemäß wurden davon rund 45 000 Personen betroffen. Dabei handelt es sich aber nicht nur um Prostituierte, sondern auch um dort angestellte Kellner, Hotelangestellte usw. Im letzten Jahr gelangte ein Stadtteilverein eines unteren Mittelstandsviertels in Santo Domingo mit der Forderung an die Behörden, die 126 Bordelle mit mehreren Tausend Prostituierten in ihrem Viertel zu schließen. Dies sind lediglich Schlaglichter, die das Ausmaß der Prostitution ahnen lassen.

Die Dominikanische Republik ist eines der Länder, das in den letzten Jahren zunehmende wirtschaftliche Schwierigkeiten hat. Besonders seit den Verhandlungen mit dem Weltwährungsfonds steigen durch die Einschränkungen der Sozialleistungen Inflation und Arbeitslosigkeit. Weite Teile der Bevölkerung verarmen und verelenden, 65 Prozent der Bevölkerung leben in absoluter Armut. Am meisten zu leiden haben dabei die Frauen. Bezahlte Arbeit zu finden wird von Tag zu Tag schwieriger. Die Kaufkraft der Löhne wird durch die hohe Inflation in zunehmendem Maße ausgehöhlt. Ist Prostitution unter diesen Rahmenbedingungen eine der Überlebensstrategien ökonomisch marginalisierter Frauen? Ist Prostitution die letzte aller Möglichkeiten, die am wenigsten erhoffte, die entwürdigendste Form des Überlebens?

«Yo estoy aquí por mi necesidad». Immer und immer wieder hört man diesen Satz von Frauen, die als Prostituierte arbeiten. Wirtschaftliche Not sei es, die sie dazu zwinge, für sie gäbe es keine andere Möglichkeit, sich und ihre Familie durchzubringen.

Eine Untersuchung des CIPAF, *Centro de Investigación para la Acción Femenina,* ergab, daß 1985 41 Prozent der Haushalte in den ländlichen Gebieten der Dominikanischen Republik nicht über eigenes Land verfügten. Das bedeutet, daß ein großer Teil der ländlichen Bevölkerung als schlechtbezahlte Landarbeiter und Landarbeiterinnen ihren Lebensunterhalt verdienen müssen. Ein Teil von ihnen hat das ganze Jahr Arbeit, andere arbeiten in einem Saisonbetrieb, z. B. bei der Zucker-, Kaffee-, Tabak- oder Baumwollernte, wieder andere sind ganz arbeitslos. Ein Arbeiter auf einer Zuckerrohrplantage hat mir einmal gesagt: »Ich wäre so gerne einer der Stiere, die die Karren mit dem geschnittenen Zuckerrohr zur nächsten Straße schleppen, wo das Zuckerrohr dann auf große Lastwagen verladen wird.« Auf meine Frage warum, hat er mir geantwortet: »Die Stiere werden nach der Arbeit, d. h. während der Monate, wo kein Zuckerrohr geerntet wird, auf saftige Weiden geführt, damit sie sich erholen können und bei der neuen Ernte wieder bei Kräften sind. Uns hingegen preßt man während der Erntesaison bis aufs Letzte aus und nachher läßt man uns einfach laufen. Wir müssen selbst dafür sorgen, daß wir irgendwie, mit irgend etwas über die Runden kommen. Die Stiere haben es gut«, seufzte er noch einmal.

Diese prekäre Situation auf dem Arbeitsmarkt trifft die Frauen in noch stärkerem Maße als die Männer. Frauen werden auch auf dem Lande schlechter bezahlt als Männer, ihre Arbeitsstellen sind noch unsicherer. So kann es denn nicht erstaunen, daß laut CIPAF-Studie 55 Prozent der Landflüchtigen Frauen sind. Von den Frauen, die in die Stadt emigrieren, waren 76 Prozent zwischen 10 und 24 Jahren alt. Diese Frauen gehen in die Stadt in der Hoffnung, Arbeit zu finden. Die Arbeitslosigkeit beträgt in der Dominikanischen Republik 25 bis 30 Prozent, bei Frauen steigt sie je nach Region bis zu 60 Prozent. Über zwei Drittel der Frauen, die Arbeit haben, sind im Dienstleistungssektor beschäftigt, d. h. vor allem als Haushaltsangestellte, im Hotelgewerbe, in Restaurants, Bars usw. Der Durchschnittslohn der Hausangestellten betrug 1980 60 Pesos, während der vom Staat vorgeschriebene Mindestlohn 125 Pesos pro Monat betrug. Aber nicht nur als Hausangestellte sind die Frauen sehr schlecht bezahlt, auch in allen anderen Berufssparten erhalten sie beträchtlich geringere Löhne als die Männer. Dies führte dazu, daß 1980 die Löhne von fast 60 Prozent der Arbeiterinnen unter dem staatlich festgesetzten Minimum lagen. Zu der schlechten Entlohnung kommt noch die Furcht vor Arbeitslosigkeit. Hausangestellte haben weder gesetzliche Kündigungsfristen noch irgendwelche Sozialleistungen wie Lohnfortzahlung bei Krankheit, Unfallversicherung, bezahlte Ferien, Alterssicherung. Sexueller Mißbrauch ist nichts Außergewöhnliches. Wird eine Frau, die als Dienstmädchen arbeitet, krank, schickt man sie nach Hause. Dort hat sie Zeit, gesund zu werden. Nachher muß sie sich eben eine neue Stelle suchen.

Amelia, eine Prostituierte in Santo Domingo beschreibt ihre Erfahrungen als Dienstmädchen:

»Ich arbeitete als Dienstmädchen in einem Haushalt. Der Mann meiner Arbeitgeberin stellte mir nach und eines Abends versuchte er, mich zu vergewaltigen. Ich war noch nie mit einem Mann zusammen gewesen. Die Frau kam dazu, wie ich mich mit aller Kraft gegen ihn wehrte. Und weißt Du, was sie gemacht hat? Sie nahm einen Ring und versteckte ihn unter meinem Kopfkissen. Dann rief sie die Polizei und sagte, daß sie ein Schmuckstück verloren hätte und daß die Polizei eine Hausdurchsuchung machen müsse, um zu sehen, ob das Schmuckstück irgendwo sei. Sie fanden den Ring unter meinem Kopfkissen und ich kam ins Gefängnis. Als ich aus dem Gefängnis entlassen wurde, wußte ich nicht wohin gehen. Ich schämte mich, heim zu meiner Familie zu gehen. Ich wollte nicht, daß man sagen würde, ich wäre wegen Diebstahls im Gefängnis gewesen. Ich lief die Straßen hinauf, die Straßen hinunter, ich lief die ganze Nacht durch, ich lief den ganzen

Tag. Einmal saß ich am Malecón (Uferpromenade) und da sprach mich ein Mann an . . .«[1]

Auch die Erfahrungen, die Cecilia bei der Arbeitssuche machte, gehören zum Alltag, sind nichts Außergewöhnliches. Cecilia lebte mit ihrer Mutter und sechs Geschwistern zusammen. Ihr Vater ging vor über 10 Jahren nach Venezuela, um Arbeit zu suchen und versprach, der Familie jeden Monat Geld zu schicken. Cecilia hat nie mehr etwas von ihm gehört. Ihre Mutter versuchte, sich zuerst mit Waschen, Putzen und anderen Gelegenheitsarbeiten über Wasser zu halten. Jetzt verkauft sie am Morgen Kaffee vor einer Fabrik, am Mittag hält sie einfache Mahlzeiten feil und verdient so den Lebensunterhalt für sich und ihre Kinder.

Cecilia, die Älteste, hat nach der Schule einen Schreibmaschinenkurs besucht in der Hoffnung, mit dieser Ausbildung eine Stelle zu bekommen. Aus dem schönen Traum wurde nichts. Tausende junger Frauen haben dieselben Hoffnungen und für jede freie Stelle bewerben sich -zig Frauen. Dazu kommt noch ein weiteres Hindernis. Cecilia sagte mir: »Du weißt ja, mit einer Ausbildung allein ist hier keine Arbeit zu bekommen, das habe ich mittlerweile gelernt. Ich bin arm, sehr arm sogar, und die Armen haben keine Beziehungen zu den Reichen. Die Reichen sind es, die Stellen zu vergeben haben. Du weißt doch, die von unten mit denen von unten und die von oben mit denen von oben«. Arbeitslos, ohne Hoffnung, ging sie auf ein Angebot ein, das ihr eine Stelle in einem Coiffeursalon in Italien versprach. Drei Tage vor ihrem Abflug nach Rom habe ich sie getroffen. Rückgängig zu machen war nichts mehr. Cecilia hatte einen Kredit auf das kleine Haus ihrer Großmutter aufgenommen, um den Flug zu bezahlen, sich einige Kleider zu kaufen, sowie mit Geschenken den Abschied von ihrer Familie etwas zu erleichtern. Sie ging nach Italien mit einem Touristenvisum. Man sagte ihr, die Arbeitsbewilligung werde dann in Italien eingeholt. Seither haben wir nichts mehr von Cecilia gehört.

Die Emigration ist ein integraler Bestandteil des dominikanischen Alltags. Praktisch alle Familien haben einen Angehörigen, die oder der emigriert ist, Emigrationspläne hat, oder gerade aus dem Ausland zurückgekehrt ist. Statistische Daten der Vereinigten Staaten halten fest, daß rund 200000 dominikanische Emigranten in den USA leben. Nach dominikanischen Quellen sollen es rund 500000 Emigranten sein, die in den USA, vor allem in New York leben, legal oder illegal.

In den vergangenen Jahren hat sich die Emigration ausgeweitet in Länder wie Venezuela, während des Ölbooms, nach Curacao oder Europa. Wer auch immer sich mit der Prostitution in der Dominikanischen Republik auseinandersetzt, weiß, daß diese Ausweitung auf dem internationalen Frauenhandel basiert. Für Frauen ohne Ausbildung, die sich keine falschen Dokumente zur illegalen Ausreise leisten können, weil diese zu teuer für sie sind, bleibt nur noch die Vermittlung durch einen Frauenhändler.

Kolonisation und Sklaverei

Eng verknüpft mit dem Problem der Armut und der Arbeitslosigkeit ist auch das Problem der alleinstehenden Mütter. In der Dominikanischen Republik sind rund ein Drittel der Familienoberhäupter weiblichen Geschlechts, d. h. ein Drittel der Frauen mit Kindern müssen für ihren und den Unterhalt ihrer Kinder selber aufkommen. Warum lassen so viele Männer ihre Familien im Stich?

Ende des 15. Jahrhunderts eroberte Kolumbus Amerika und brachte der spanischen Krone Macht, Reichtum und Ansehen. Die nachfolgenen Konquistadoren beuteten die indianische Urbevölkerung mit unerhörter Gewalt aus. Schon nach kurzer Zeit war die Urbevölkerung der Insel Hispanola fast gänzlich ausgerottet. Als Ersatz begann die Einfuhr von Sklaven. Zwischen 1680 und 1776 wurden 800000 Afrikaner als Sklaven nach Hispanola eingeführt,[2] 1779 lebten auf Hispanola nur noch 249098 Sklaven.[3] Hilliard d'Auberteuil, Verfasser eines Berichts über die Sklaverei auf Saint Domingue (Hispanola wurde während der französischen Kolonialzeit Saint Domingue genannt) schrieb, daß die Sklavensterblichkeit in Saint Domingue nicht auf Grund von Krankheiten so hoch war, sondern weil die Besitzer besonders grausam waren.[4]

Merle Hodge, eine schwarze Autorin aus der Karibik, leitet die heutige Beziehung zwischen Männern und Frauen hauptsächlich aus den Verhältnissen zur Zeit der Sklaverei her. Sie schreibt: »Die karibische Gesellschaft ist hervorgegangen aus Brutalität, Zerstörung und Vergewaltigung. Man denke nur an die Vernichtung der amerikanischen Urbevölkerung, das Überfallen von Afrika, die erzwungene Entwurzelung und Versklavung der Afrikaner ...

Trotzdem ist die Karibik heute nicht auf besondere Weise gekennzeichnet durch organisierte Gewalt in großem Rahmen ... Doch die Gewalt in unserer Geschichte hat sich nicht in Luft aufgelöst. Sie ist vorhanden in den Beziehungen zwischen Erwachsenen und Kindern, zwischen Schwarz und Weiß, zwischen Mann und Frau ...

In erster Linie erbrachte die ganze Erniedrigung durch die Sklaverei eine äußerste Entwertung der afrikanischen Männlichkeit. Der Mann hatte keine Macht mehr, seine traditionelle Rolle als Beschützer des Stammes auszuüben, er war unfähig, sowohl sich selbst als auch seine Frauen und Kinder gegen Gefangennahme und Verschleppung, gegen die tägliche Mißhandlung zu verteidigen. Seine Männlichkeit war reduziert auf die Muskelkraft, die er bei der Arbeit für seinen Besitzer aufbringen konnte und seine Fortpflanzungsfunktion. Die Funktion der Vaterschaft war beschränkt auf die Befruchtung der Frau. Mit seinem Status als Kopf der Familie war es vorbei, denn es gab keine Familie, kein Leben in einer Einheit mit Frau und Kindern. Ein Mann wußte womöglich nicht einmal, wer seine Kinder waren, niemals aber gehörten sie ihm in irgendeinem Sinne, er war nicht imstande sie zu versorgen – ihr Besitzer übte die Funktion des Versorgers aus.«[5]

Diese Situation beschreibt der Kubaner Esteban Montejo, ein ehemaliger Sklave, im Buch »Der Cimarron« so:

»Wie alle Sklavenkinder – die ›criollitos‹, wie man sagte –, wurde ich in einer Krankenstube geboren, wohin man die schwangeren Negerinnen zum Gebären brachte. Für mich war das auf der Plantage Santa Teresa, aber ich bin nicht mehr sicher ... Die Negerkinder wurden wie Ferkel verkauft und mich verkauften sie sofort, darum erinnere ich nichts von diesem Ort ... Rassekinder kosteten so um fünfhundert Pesos. Das mit den Rassekindern war, weil sie von starken und großen Negern waren ...«[6]

Dazu nochmals Merle Hodges:

»Der schwarze Mann hatte keine Autorität über seine Kinder, im Gegensatz zur Frau. Die Mütter der Kinder oder Ammen waren verantwortlich für das Aufziehen der Rasse. Frauen wurden Mutter und Vater der Rasse. ... Auch heute noch wird der durchschnittliche Afro-Westinder mehr oder weniger ausschließlich durch eine Mutter, eine Tante, eine große Schwester oder eine Patin aufgezogen. Die Männer sind noch nicht in ihre Funktionen der Vaterschaft zurückgekehrt. Väter sind entweder abwesend – das vorherrschende Muster von Konkubinat und männlicher Mobilität führt dazu, daß ein Mann nicht unbedingt in einem Haushalt bleibt, bis die Kinder, die er dort eingebracht hat, erwachsen sind – oder, selbst wenn der Vater im Haus anwesend ist, bleibt sein Anteil an der Erziehung der Kinder beschränkt.«

Dies alles gilt in ganz besonderem Maße für die Dominikanische Republik. Während der fünf Jahre, die wir dort gelebt haben, hatten wir einen Nachbarn, bei dem diese Art der männlichen Mobilität sehr ausgeprägt war. Juan war 21jährig, als wir in kennenlernten. Er lebte mit seiner Frau und seinem Sohn zusammen und arbeitete als Hilfsarbeiter in einer Ziegelei. Sein Lohn reichte für das Notwendigste. Als sein Sohn zwei Jahre alt war, ging Juan weg und wohnte mit einer anderen Frau zusammen. Luz, seine erste Frau, blieb in dem Haus, das sie gemietet hatten, in der Nähe von Juans Eltern. Die Mutter von Juan kümmerte sich von nun an um ihren Enkel, da Luz eine Stelle als Dienstmädchen in einem Haushalt gefunden hatte und nur am Abend nach Hause kam. Mit seiner zweiten Frau lebte Juan nur solange zusammen, bis der gemeinsame Sohn geboren wurde. Dann kehrte er für eine kurze Zeit zu seinen Eltern zurück, wohnte auch ab und zu wieder bei Luz, seiner ersten Frau. 25jährig, lernte Juan seine dritte Frau kennen und als er 26jährig war, wurde er zum drittenmal Vater, diesmal einer Tochter.

Die Verhaltensweise von Juan ist nichts Außergewöhnliches in diesem Land. Keine der Frauen hat sich wirklich dagegen aufgelehnt, es war für sie einfach Schicksal. Ein großer Teil der dominikanischen Bevölkerung ist in der einen oder anderen Weise »vaterlos« aufgewachsen und fast ausschließlich unter weiblichem Einfluß. Männliche Verantwortungslosigkeit der Familie gegenüber ist etwas Normales, etwas Alltägliches.

Für die Frauen bedeutet diese Situation, immer wieder den Kampf aufzunehmen, um sich und ihren Kindern das Überleben zu sichern. Vielen bleibt als letzte Möglichkeit die Prostitution.

Religion

Die Bevölkerung der Dominikanischen Republik ist zum größten Teil katholisch. Einer der Pfeiler der Ideologie der katholischen Kirche ist die Reinheit der Mutter Maria. Sie ist die idealisierte Frau. Für viele Männer ist die Jungfräulichkeit ihrer zukünftigen Ehefrauen unabdingbare Notwendigkeit für eine Heirat.

Zu welchen Auswüchsen diese Ideologie führen kann, zeigt das Beispiel von Juans Schwester. Ines war mit Tomas befreundet, und sie wollten heiraten. Beide betonten immer wieder, daß sie kirchlich und zivil heiraten werden. Plötzlich war von Heirat nicht mehr die Rede. Ines und Tomas mieteten ein Haus und lebten zusammen. (Übrigens lebt ein großer Teil der Bevölkerung der Dominikanischen Republik im Konkubinat. A priori heißt das nicht, daß es Ehen auf Zeit sind, ich kenne viele ältere Paare, auf dem Land und in der Stadt, die seit Jahrzehnten unverheiratet zusammenleben und Enkel und Urenkel haben.) Warum dieser plötzliche Gesinnungswandel bei Ines und Tomas? Streit hatten sie nicht, sonst wären sie nicht zusammengezogen. Aus Ines war nichts herauszubringen. Tomas sagte mir dann nach langen Ausweichmanövern, daß Ines schwanger sei. Ich fand das nicht schlimm und schon gar keinen Grund, nicht zu heiraten, denn es war das Kind von Tomas. Endlich sagte er: »Ich kann doch eine Frau, die nicht mehr Jungfrau ist, nicht vor dem Standesamt und in der Kirche heiraten, das geht nicht.« Hätte umgekehrt

Tomas während dieser Zeit eine Freundin und vielleicht sogar ein Kind mit einer anderen Frau gehabt, wäre einer Heirat zwischen Ines und Tomas nichts im Wege gestanden. Übrigens sind die beiden noch heute zusammen, und ich habe kaum einen liebevolleren und verantwortungsbewußteren Vater als ihn gesehen. Aber über das Erfordernis der Jungfräulichkeit für eine gesetzliche Verbindung, da ließ und läßt er nicht mit sich reden. Im Gegensatz dazu steht die sexuelle Freiheit für den Mann. Davon Gebrauch zu machen, gilt noch heute als das Symbol und der Beweis für Männlichkeit.

Dazu Sandra, eine Prostituierte in Santo Domingo:

»Eines Tages ging ich mit einem Mann, und ich sage so zu ihm: ›Sie sind verheiratet?‹ Er sagt: ›Ja.‹ Und ich sage: ›Haben Sie Kinder?‹ Er sagt: ›Wir haben zwei.‹ Ich sage: ›Und warum suchen Sie sich dann eine Frau auf der Straße?‹ Er sagt mir: ›Ach meine Tochter, man braucht doch etwas Abwechslung, weißt du, was das heißt, 15 Jahre mit einer einzigen Frau und keine Abwechslung?‹ «[7]

Als Gegenpol zur »Heiligen«, der Ehefrau, braucht er die schlechte Frau, die Hure, welche er zur Befriedigung seiner sexuellen Bedürfnisse benützen kann. Ohne die Nachfrage der Männer würde es keine Prostitution geben, wie arm auch immer eine Gesellschaft ist. Das Problem der Prostitution liegt also nicht bei den Prostituierten, beim Angebot, sondern bei der massiven Nachfrage der Männer danach.

Konsumgesellschaft

Luxus und Reichtum zur Schau stellen, zeigen was man hat, das ist eine Fähigkeit der dominikanischen Oberschicht, die sie virtuos beherrscht. In den Tageszeitungen zum Beispiel wird jeder Geburtstag, jede Hochzeit, die Einführung der jungen Damen der Oberschicht in die Gesellschaft genauestens beschrieben. Es wird ausführlich kommentiert, wer was getragen hat, ob es sich bei den Applikationen auf dem Ballkleid um Brüsseler Spitzen oder Sankt Galler Stickereien handelte. In den großen Einkaufszentren ist jeglicher Luxus zu haben, Limoges-Porzellan, Stöckli-Kupfergeschirr, Kleider berühmter Modeschöpfer, Luxusuhren jeglicher Provenienz.

All das muß in vielen Frauen den Wunsch wecken, sich auch einmal so zu kleiden, auch einmal zu reisen, in einem von Bäumen umgebenen kühlen Haus, statt in einer glühenden Wellblechhütte zu leben. Um solche Wunschträume zu realisieren, so glauben viele, bleibt nur die Prostitution.

Prostitution, das geht aus dem bis jetzt Aufgezeigten hervor, ist kein individuelles Problem der einzelnen Frauen, sondern ein Problem der wirtschaftlichen, sozialen und kulturellen Strukturen.

Ein Teil der Frauen arbeitet als Prostituierte, um sich und ihren Angehörigen das Existenzminimum zu sichern, anderen scheint die Illusion des »guten Lebens« verlockend. Wie immer Frauen zur Prostitution kommen, einmal darin, ist es äußerst schwierig für sie, wieder herauszukommen. Die Gesellschaft macht Prostitution und sorgt auch dafür, daß sie immer weiterbesteht.

Erscheinungsformen der Prostitution

Bordelle

Zahlen über die Menge der Bordelle in der Dominikanischen Republik existieren ebensowenig wie Daten über die Anzahl der Prostituierten. Die 1983 erfolgte Schließung von über 2000 Bordellen ist lediglich ein Hinweis, daß es beträchtlich mehr solcher Etablissements geben muß.

Wie Frauen dazu kommen, in Bordellen zu arbeiten, zeigt das Beispiel von Sandra. Sandra ist stellvertretend für Tausende junger Frauen, die das gleiche Schicksal erleiden.

»20jährig lernt Sandra Carlos kennen. Er macht ihr während eines Monats den Hof und verspricht ihr, sie zu heiraten und ein Haus in Bonao zu bauen. Sandra ist sich ihrer Liebe nicht ganz sicher, will nicht mit ihm gehen. Die Mutter aber bringt sie zur Vernunft. Es wäre absurd, die Werbung dieses Mannes, der ihr verspricht, für ihren Unterhalt zu sorgen, auszuschlagen. Schließlich läßt sie sich überzeugen und geht mit Carlos. In Bonao hält er nicht an, sondern fährt weiter in Richtung Hauptstadt. Auf ihre Frage erklärt er Sandra, er hätte immer von Santo Domingo und nicht von Bonao gesprochen, sie hätte ihn eben mißverstanden. In Santo Domingo gehen die beiden in eine Bar. Nach einigen Bieren sagt Carlos, sie solle hier auf ihn warten, er müsse schnell Rasierwasser kaufen gehen. Als Carlos nicht zurückkommt, will Sandra ihn suchen gehen. An der Türe wird sie brutal zurückgehalten. Der dort postierte Wächter sagt ihr, daß sie von ihrem Begleiter verkauft worden sei und nicht gehen könne, bis sie ihren Kaufpreis abgearbeitet habe. ›Ich weiß nichts davon, ich bin doch keine Kuh, die man verkaufen kann. Ich will jetzt Carlos suchen, damit er mir erklärt, was hier vor sich geht.‹ Nach einem Schlag ins Gesicht fällt sie zu Boden, weitere Schläge erklären ihr das Unerklärliche. Während zwei Jahren lebte Sandra in der Bar, wo sie mit weiteren 22 Frauen die sechs zur Verfügung stehenden Betten teilte. Sie lernt, sich nicht mehr gegen die Absurdität ihrer Situation aufzulehnen. Jeder Versuch einer Auflehnung brachte Schläge, Bestrafungen, Hunger und Verdienstabzüge ein, die ihre Schuld bei ihren Zuhältern ins Unermeßliche steigen ließen.

Juan, einer der Zuhälter des Kabaretts, der die Schlüssel verwaltete und zugleich die Buchhaltung der Frauen führte und dafür zu sorgen hatte, daß die Frauen den Zuhältern immer Geld schuldeten, verliebte sich in Sandra und befreite sie aus ihrem Gefängnis, zusammen mit weiteren Frauen, von denen einige seit mehr als sechs Jahren nie mehr die Sonne gesehen hatten. Auf diese Weise wird Juan zum Zuhälter von Sandra. Sandra, die heute für ihn als Prostituierte arbeitet, ist ihm für diese ›Befreiung‹ ewig dankbar.«[8]

Straßenprostitution

Der soziale Status einer Prostituierten in Santo Domingo hängt davon ab, in welchem Viertel sie arbeitet. Die Frauen am Malecón, der Uferpromenade, glauben sich den Frauen in der Avenida Duarte überlegen. Die Avenida Duarte ist eine der wichtigsten Geschäftsstraßen, hier kaufen vor allem ärmere Leute ein. Fast jedes Geschäft bietet seine Waren auf Abzahlung an, Straßenhändler, Imbißstände beleben die Straße Tag und Nacht. Die Männer, die hier Prostituierte suchen, gehören nicht zu der Schicht zahlungskräftiger Kunden, wie z. B. die Touristen es sind. Für eine Prostituierte ist es ein Abstieg, sich an der Duarte anbieten zu müssen. Noch schwieriger wird die Situation, wenn diese Frauen alt werden. Das Alter ist für sie bedrohlich, sie wagen nicht daran zu denken. Viele bieten sich an für einen Teller Reis mit Bohnen oder für ein Dach über dem Kopf. Viele müssen betteln, andere werden verrückt oder kriminell.

Prostitution mit Touristen

Zahlreiche Länder in der Karibik haben heute keine Möglichkeit einer autonomen Entwicklung. Einer der Gründe liegt in der kolonialen Vergangenheit. Diese Länder wurden von den Kolonialmächten als billige Rohstofflieferanten ausgebeutet. Zucker und Kaffee waren die bevorzugten Produkte der Kolonien. Heute sind die Preise für diese beiden Agrarprodukte tief und bringen den Ländern nicht mehr die für ihre Importe notwendigen Devisen. So haben sich zahlreiche Staaten in der Karibik entschlossen, den Tourismus zu fördern, in der Hoffnung, damit zu den begehrten Devisen zu kommen.

Unter den Touristenattraktionen, mit denen die karibischen Inseln um Touristen werben, befinden sich auch die Frauen. Werbeplakate und Touristenbroschüren locken mit spärlich bekleideten Frauen, gekrönt mit Sätzen wie z. B. »Komm, ich erwarte dich in X«. Als ein Beispiel aus der Vergangenheit sei Kuba erwähnt, das unter der Regierung Battista einen eindeutigen Ruf hatte. Die Insel, wo Tausende von Bordellen, Spielcasinos, Nachtklubs und Luxushotels dem Touristen jegliche Art von Unterhaltung boten, war bekannt als »das Bordell der Karibik«. Nach Battistas Sturz, unter Fidel Castro, verfolgte die Insel einen anderen Entwicklungsweg, und die Bordelle, Spielcasinos, Luxushotels wurden geschlossen. Die Prostitution verschob sich auf andere Inseln, zum Beispiel auf die Dominikanische Republik.

Diese Art der Prostitution ist nicht meßbar. Viele der Frauen, die sich mit Touristen prostituieren, stammen nicht aus der Unterschicht, sondern aus der Mittelschicht. Für sie ist die Prostitution nicht eine Überlebensfrage. Sie prostituieren sich vielfach, um ihren Lebensstandard – den der Mittelschicht – aufrechtzuerhalten, verführt von Werbung, vom Konsumverhalten der Oberschicht und nicht zuletzt der Touristen.

In den siebziger Jahren wurde damit begonnen, die Dominikanische Republik in großem Maßstab touristisch zu erschließen. Vorher gab es einzig im Osten der Republik, ungefähr 100 Kilometer von der Hauptstadt entfernt, ein von den Amerikanern erbautes Luxusferienzentrum sowie die Hotels der verschiedenen Preisklassen in der Hauptstadt. Dort hat es schon immer Prostitution mit Touristen gegeben. Mit der Neuerschließung der Nordküste hat sich nicht nur für den Tourismus, sondern auch für die Prostitution ein Zug nach Norden ergeben. Dabei sind ein Teil der Frauen professionelle Prostituierte, ein immer größerer Teil aber sind Frauen, die es quasi als Nebenerwerb machen, zum Beispiel Studentinnen, Angestellte usw. Kürzlich erschienen verschiedene Zeitungsberichte über ein gut organisiertes Netzwerk, das junge Leute in die großen Hotels an der Nordküste lockt, dort, wo die wohlhabenden Touristen ihren Urlaub verbringen.

In der Dominikanischen Republik gibt es neben dem Luxustourismus auch den Massentourismus, stimuliert vor allem durch billige Flüge aus Europa und Amerika.

Hunderte junger Frauen sitzen in den Eingangshallen der großen Hotels in Santo Domingo und anderen großen Städten und bieten sich den Touristen an. In diesen Vierteln hat auch die Straßenprostitution wieder zugenommen. Die Strände haben sich zum Teil zu richtigen »Fleischmärkten« entwickelt. In diesem Geschäft mit den weniger wohlhabenden Touristen sind vor allem Frauen aus der Unterschicht involviert, Frauen, die keine andere Möglichkeit sehen, ihr Überleben zu sichern.

Während der vielen Jahre, die wir in der Dominikanischen Republik gelebt haben, fuhren wir am Sonntag öfters an einen Strand in der Nähe der Stadt. Boca Chica war ein Strand für Familien, nicht sehr gepflegt, nicht sehr leise. Die Kinder

holidays

konnten hier ungestört spielen, lachen, lärmen. Den Hunger stillten wir bei kleinen Garküchen, wo frische Fische, gekochte Bananen, Poulets usw. feilgeboten wurden. Fliegende Händler mit Getränken und Kokosnüssen sorgten dafür, daß wir auch den Durst löschen konnten. Kurz, ein idealer Familienstrand, bevorzugt vor allem von Familien mit Kindern aus der Hauptstadt.

Vor zwei Jahren flogen wir zum ersten Mal nach unserer Rückkehr wieder nach Santo Domingo in die Ferien. Es schien, die Zeit sei stillgestanden, als seien nicht zwei Jahre, sondern erst ein Tag vergangen, seit wir hier gelebt hatten. Die gleichen Polizisten an den gleichen Kreuzungen, die gleichen Wärter im Zoo, sogar die gleichen Löcher in den Straßen an denselben Stellen, nur etwas größer. Wir freuten uns auf Boca Chica. Als wir ankamen, rieben wir verwundert die Augen, glaubten uns am falschen Ort. Das war nicht mehr unser Boca Chica, keine Kinder, keine keifenden Mütter, nur noch Touristen auf der Jagd nach Frauen, auf der Jagd nach dem für eine Nacht gekauften »Glück«.

Was war geschehen?

Ein Teil des Strandes war früher mit Ferienhäusern bebaut gewesen, deren Grundstücke bis zum Wasser reichten. Eine neue, 1982 gewählte Regierung hatte dem Gesetz Nachachtung verschafft, das vorschreibt, daß die ersten zehn Meter des Strandes öffentlich zugänglich sein müssen. Privatbesitz sei erst dahinter zulässig. Ohne privaten Strand hatten die Besitzer kein Interesse mehr an ihren Wochenendhäusern und verkauften. Gewiefte Geschäftemacher sahen ihre Chance. Ein Ferienhaus nach dem andern verwandelte sich in einen »Club«, und schon wurde von den Touristen statt um den Preis der Kokosnüsse, um den Preis der Prostituierten für eine Nacht gefeilscht. Tief berührt hat mich die Aufmachung vieler dieser Frauen. Um dem Schönheitsideal der Touristen näherzukommen, haben sie sich ihr schwarzes Kraushaar maisgelb färben und strecken lassen. Ihre Gesichter rieben sie mit einer bleichenden Creme ein. So völlig im Äußeren sich selbst entfremdete Frauen habe ich selten gesehen.

Die Karibik ist heute eines der wichtigsten Handelszentren für die Prostitution geworden. Die Dominikanische Republik spielt dabei die Rolle eines der Hauptlieferanten von Frauen.

Drei Faktoren sind dabei von entscheidender Bedeutung: eine den Tourismus fördernde Wirtschaftspolitik, die Nähe US-amerikanischer Militärbasen sowie eine sich immer stärker ausbreitende Arbeitslosigkeit.

Die beiden ersten Faktoren sorgen für die Nachfrage der Männer, der letzte sichert das Angebot der Frauen.

Die Arbeitslosigkeit, die viele Frauen als letzten Ausweg aus ihrer schwierigen wirtschaftlichen Situation die Prostitution sehen lassen, liefert den zahlreichen Zuhältern und Frauenhändlern stets Nachschub an frischer Ware für den nationalen und internationalen Markt. Die Suche nach Arbeit im Ausland ist für viele Frauen die letzte Hoffnung. So nehmen sie auch Arbeitsangebote an, die sich beim näheren Hinsehen als äußerst dubios erweisen müßten.

Cecilia, die von einem »respektablen Herrn in ihrer Heimatstadt«, wie sie sich ausdrückte, ein Arbeitsangebot als Coiffeuse in Italien bekommen hatte, hätte beim näheren Hinsehen von selbst darauf kommen müssen, daß mit dieser Stelle etwas nicht stimmen konnte. Es hätte ihren Verdacht erwecken müssen, daß Italien, ein Land mit – im europäischen Vergleich – hoher Arbeitslosigkeit, ausgerechnet Mangel an Coiffeusen haben soll. In ihrer mißlichen Situation – die Mutter versuchte mit Gelegenheitsarbeit ihre achtköpfige Familie zu ernähren, ihr Vater war seit zehn Jahren in Venezuela – konnte sie sich gar nicht erlauben, das Arbeitsangebot, das auf den ersten Blick seriös aussah, genauer unter die Lupe zu nehmen. Sie mußte einfach Arbeit finden, mußte etwas verdienen.

Nicht zu vernachlässigen ist natürlich auch der Demonstrationseffekt. Die Frauen, die regelmäßig jedes Jahr, vor allem über Weihnachten nach Hause zurückkehren, zeigen vordergründig, wie gut im Ausland verdient wird, wie gut sie dort leben. Schmuck, Kleider, regelmäßige Unterstützung der Familie sowie die rosaroten Geschichten, die die Frauen über ihre Arbeit und ihr Leben im Ausland erzählen, lassen diese Art Arbeit als begehrenswert erscheinen. Das trägt dazu bei, daß andere Frauen folgen, daß der Markt immer mit genügend Nachschub an Frauenkörpern rechnen kann. Für einen Teil der Frauen kommt noch dazu, daß sie sich schämen würden, im eigenen Land, in der Heimatstadt oder im Heimatdorf als Prostituierte zu arbeiten. Im Ausland bleibt man anonym, niemand kennt einen, niemand weiß woher man kommt, und was noch wichtiger ist, die eigenen Angehörigen und Freunde wissen nichts über die wirkliche Art der Arbeit, die die Frauen im Ausland gezwungenermaßen machen. Dazu kommt, daß in »harten Währungen« verdient wird, zum Beispiel Franken, D-Mark, US-Dollar, die im Vergleich zum dominikanischen Peso sehr viel stabiler sind, das heißt, ihren Wert behalten.

Amelia, eine Prostituierte aus Santo Domingo, beschreibt ihre Erfahrungen mit dem internationalen Frauenhandel so:

»Wir waren etwas über 20 Frauen, die nach Italien, Aruba, Deutschland (Hamburg) und Griechenland gingen. Wir hatten Verträge, alles war bezahlt, und wir sollten dort arbeiten, so sagte man uns. In Wirklichkeit wurden wir aber in ein Bordell gebracht. Denen, die dort nicht arbeiten wollten, verabreichte man Drogen, gab ihnen Medikamente, damit sie alles, was man von ihnen verlangte, machten. Wenn man dann wieder zurückkommt, ist man drogenabhängig. Man ist schwach, ohne Kraft, ohne Lebensmut. Das einzige, was der Körper will, sind Drogen, Drogen, und immer verlangt er mehr. Auf meiner ersten Reise, wo ich glaubte, in einem Hotel als Putzfrau arbeiten zu können – in Wirklichkeit kam ich aber in ein Bordell –, da gaben sie mir Drogen. Eine Frau, die hier in der Hauptstadt ein Büro hat, stellt junge Frauen ein und schickt sie dann ins Ausland. Dafür bekommt sie fünf Prozent Provision. Dort werden die Frauen von einem Mann in Empfang genommen und in eine Diskothek zum Arbeiten gebracht. Ihnen wird die Reise usw. vorgestreckt, und dafür wird ihnen ein bestimmter Teil vom wöchentlichen Verdienst abgezogen. ... Die ersten Tage war ich zu nichts zu bewegen. Ich ging ja, um in einem Hotel als Putzfrau zu arbeiten. Ich widersetzte mich, ich wollte um keinen Fall meinen Körper an die Männer verkaufen, ich war ja zum Arbeiten gekommen, sonst sollten sie mich halt wieder zurückschicken. Darauf sagte sie mir, daß ich es machen müsse, um die Reise zurückzubezahlen. Ich konnte keine Anzeige erstatten, konnte mich nicht frei bewegen, denn sie sagten mir, ich sei illegal hier. Als ich angekommen war, hatten sie mir alle meine Dokumente abgenommen, und sie gaben sie mir erst wieder zurück, als ich meine ganze Reise zurückbezahlt hatte.«[9]

So ist die Frau gefangen, ist Sklavin, ist ihren Zuhältern total ausgeliefert. Ihr illegaler Aufenthalt in einem fremden Land, das Mißtrauen gegen die Polizei, die unbekannte Sprache, die unendliche Verzweiflung, wenn die Frauen entdekken, daß sie betrogen worden sind, dies alles trägt dazu bei, daß sie keinen Ausweg mehr suchen, nicht mehr klar denken können und sich am Schluß ihre Freiheit mit Prostitution erkaufen müssen.

Ein Geschäft mit Frauen, das für 28 einen tödlichen Ausgang hatte, wurde vor zwei Jahren von einem französischen Journalisten aufgedeckt.

»28 Prostituierte in einem Container der amerikanischen Gesellschaft ›Caribbean Amusement‹ im Hafen von Saint Thomas erstickt. 40 weitere überlebten. Alle Frauen stammen aus der Dominikanischen Republik«. Dies die Schlagzeilen von »Le Matin« vom 20./21. April 1985. Was war passiert?

Am Donnerstag morgen legt im Hafen von St. Thomas (amerikanische Jungferninsel) ein Containerschiff an, das aus St. Martin kommt. Die Docker beginnen mit dem Ausladen der Fracht der »Caribbean Amusement«, einer Firma, die Autoscooter auf Rummelplätzen aufstellt und so seit Jahren durch die Karibik zieht. Ein Docker öffnet einen der zahlreichen Container und hält schreckensbleich inne. Unerträglich, unmenschlich, aber vor allem unglaublich: 28 junge Frauen tot, etwas mehr als 30 Frauen überlebten, stumm vor Schreck und Grauen. Recherchen ergeben, daß die tödliche Fahrt im Hafen von Philipsburg, im holländischen Teil von St. Martin, begonnen hatte. Normalerweise würden solche Transporte alle zwei Wochen durchgeführt. Dabei würden mehrere Luftlöcher in die Containerwand gebohrt, diesmal hatte es nur ein einziges Luftloch.

Die Opfer, alles Frauen aus der Dominikanischen Republik, hatten keine Papiere mit sich. Der Container war von außen verschlossen. Um blinde Passagiere konnte es sich also nicht handeln. Außerdem war der Absender der Container ein gewisser Chapoting, Besitzer eines Bordells im holländischen Teil von St. Martin. Vermutungen gemäß genießt Chapoting den Schutz der lokalen Regierung des holländischen Teils von St. Martin. Die Frauen hätten in St. Thomas von einem oder mehreren Importeuren abgeholt werden sollen.

Der Frauenhandel in der Karibik weitete sich aus mit der Zunahme der Bordelle vor allem im holländischen Teil von St. Martin. Hier ist die Nachfrage nach immer neuer Ware groß. Die Zuhälter fliegen regelmäßig nach Santo Domingo. Ihren zukünftigen Opfern versprechen sie sichere Arbeitsplätze und geben ihnen eine Vorschuß von 100 Dollar. Die Frauen fliegen dann nach St. Martin, werden von den Zollbeamten ohne Schwierigkeiten durchgelassen, was die Vermutung nahelegt, daß auch sie am Geschäft beteiligt sind, werden auf ein Paßwort hin von Taxifahrern in das Bordell Chapotings gefahren und dann, wenn sie neuer Ware Platz machen müssen, weiter in der Karibik gehandelt und verschoben.

Der Handel mit Frauen aus der Dominikanischen Republik steht in nichts dem Handel mit haitianischen Zuckerrohrarbeitern nach, die unter sklavenähnlichen Bedingungen in den Zuckerrohrplantagen in der Dominikanischen Republik arbeiten. Empört über die unmenschlichen Arbeits- und Lebensbedingungen, hat die ILO (Int. Arbeitsorganisation der UNO) in Genf einen Untersuchungsbericht über diesen Sklavenhandel gemacht und publiziert. Wann wird endlich über den Handel mit Frauen nicht mehr geschwiegen, welche international tätige und anerkannte Organisation setzt sich für vom Frauenhandel geschädigte und ausgebeutete Frauen ein?

Die Paraguayerin, Moncho Azuaga, beschreibt in einem Gedicht die Situation, die Gefühle, die Verzweiflung einer Prostituierten:

Man muß alles mögliche erdulden . . .

Maria Eleuteria Gonzales, besser bekannt unter
Männern als »Bety«,
17 Jahre alt, von dunkler Hautfarbe,
170 cm groß,
schwarze Augen,
Geburtsort: Caázapá, Bezirk Loma Verá
Schulbildung:
2 Jahre Primarschule . . .
Beruf: Prostituierte.

Verlangen Sie keine Liebe von mir, mein Herr.
Sie springen auf meinem Bauch herum
Sie brauchen mich nicht zu verstehen
warum ich Ihnen keine Freude geben kann
warum ich Ihnen keine Wärme geben kann.

Verlangen Sie keine Liebe von mir, mein Herr

Bewegen Sie sich kreisförmig
und auch ich werde mich bewegen
und wenn Sie fertig sind, stehen Sie auf
dort ist die Waschschüssel und das Handtuch
und gehen Sie leise
ohne zu fragen
und bezahlen Sie die Zeche.
Sie werden sagen, daß Sie mich dafür bezahlen
und um Ihres Geldes willen ertrage ich Ihren Suff,
diesen geifernden Mund, der nach Alkohol stinkt.
Übrigens, viel Geld bieten Sie nicht
(500, und will das Leben)
Ich muß mir davon Kleider, Schminke kaufen

Ihr Männer wollt ja keine schlampige Frau
deshalb verlaßt Ihr ab und zu Eure Ehefrauen
und um uns sympathisch zu sein
nennt Ihr uns Eure Töchter
Nein mein Herr,

Ihr Geld kann viele Nächte kaufen
aber verlangen Sie keine Liebe
Was?
Nein, das Geld ist nicht für irgendeinen Geliebten
es ist für meine alte Mutter, die auf dem Lande lebt
für meine Brüder, die etwas zum Anziehen brauchen
die zur Schule gehen und essen müssen
Man lebt nicht von Luft
und selbst wenn man davon lebt, kostet sie für die Armen mehr

Meine Mutter denkt
(ich habe sie angelogen)
daß ich eine gute Arbeit habe
in Asunción

Andere Arbeit?
Wo mein Herr?
Ich bin ja kaum zur Schule gegangen
Ich habe kaum lesen gelernt
und bei der Arbeit als Dienstmädchen
habe ich diesen Beruf erlernt
der jüngere Sohn
der ältere Sohn
die Freunde des Sohnes
die Söhne des Sohnes
und wenn du nicht willst, stellen sie dich auf die Straße
weil, das eigene Kind
es hat immer recht
(Bewegen Sie sich in dieser Lage)
und, Sie wissen es schon, verlangen Sie keine Liebe
»nicht alles ist Geld«, lachen Sie halt darüber
schließlich muß ich ja auch noch das Zimmer bezahlen

Verlangen Sie keine Liebe von mir, mein Herr

Geben Sie sich zufrieden mit meinem jungen Körper
springen und hüpfen Sie

tauchen Sie ein in meine Arschbacken
finden Sie Ihr Vergnügen
fahren Sie fort auf meinem Bauch zu hüpfen, hüpfen Sie weiter auf ...
füllen Sie meine Jugend mit der auf mein Geschlecht reduzierten Wirklichkeit
fahren Sie fort, mich in Ihren Nächten der Einsamkeit oder des Leichtsinns beim roten Licht im Viertel zu suchen

Sind Sie fertig
dann bezahlen Sie die Zeche
und fragen Sie nicht
Sie brauchen mich nicht zu verstehen
weshalb ich Ihnen keine Freude geben kann
weshalb ich Ihnen keine Wärme geben kann

Das macht 500 Guaranies und verlangen Sie keine Liebe von mir,
mein Herr ...

Moncho Aguaga

erschienen in »enfoques de mujer« No. 1, November 1986
Asunción, Paraguay

Übersetzung: Annemarie Schmitz

Anmerkungen

1 Prostitución: Esclavitud sexual femenina
Cristina Cavalcanti, Carmen Imbert, Margarita Cordero
CIPAF, Ediciones Populares Feministas, Colección Teoria, S. 49
2 From Columbus to Castro, The History of the Caribbean 1492–1969, E. Williams, New York 1970, S. 145
3 ebenda S. 190
4 ebenda S. 191
5 Frauen in Lateinamerika: Alltag und Widerstand, Graciela R. Aguilar, Peter Vogel (Hrsg.), Hamburg 1983, S. 35–38
6 Der Cimarron. Die Lebensgeschichte eines entflohenen Negersklaven aus Cuba nach Tonbandaufnahmen herausgegeben von Miguel Barnet, Frankfurt am Main 1969, S. 20
7 Prostitución, Esclavitud sexual femenina, S. 76
8 Prostitución, Esclavitud sexual femenina, S. 29
9 Prostitución, Exclavitud sexual femenina, S. 100

Kenia

LEA ACKERMANN

Kenia ist eines der beliebtesten Reiseziele Afrikas. Heute fehlt in keinem deutschen Reiseprospekt für Fernreisen die Werbung für dieses Land. So heißt es in »Meier's Weltreisen«: »Ob Sie Kenia schlichtweg phantastisch oder für elephantastisch halten, ist weniger eine Frage der Wortwahl als ein Ausdruck Ihrer persönlichen Impressionen des beliebtesten Urlaubslandes Afrikas . . .« »Jahn Reisen« wirbt für einen »Urlaub zwischen Busch und Beach«. Nach »Jet-Reisen« hat »sich Kenia von einem reinen Safariziel für Priviligierte . . . zu einem beliebten Badeziel im Fernreisebereich gewandelt«, wo man für einen relativ günstigen Preis einen guten Gegenwert bekommt. Für »Air-Conti« ist Kenia ein »faszinierendes Safariland mit herrlichen Tierparks . . .« Auch TUI, Touropa, Neckermann, African Safari Club usw. werben für den Urlaub in Kenia. Der »African Safari Club« spricht sogar vom »Kenia-Fieber«, das diejenigen befällt, die einmal in Kenia waren und die darum jedes Jahr wiederkommen. Die Werbung hat recht. Es gibt viele Gründe, nach Kenia in Urlaub zu fahren. Immer Sonne, wunderschöne, sehr abwechslungsreiche Landschaften, zwölf riesige, tierreiche Wildreservate, freundliche und liebenswürdige Menschen und warmes, klares Meerwasser mit kilometerlangen Sand- oder Korallenstränden.

In einem Punkt ist die Werbung heute zurückhaltender geworden. Sie macht nicht mehr so offen Reklame für die negative Form des Massentourismus, den Sextourismus. Noch vor zwei Jahren war es keine Seltenheit, daß mit Hotels »für Junggesellen geeignet« geworben wurde und mit dem Charme der kenianischen Frau. Sogar in der kenianischen Wochenzeitschrift »Coastweek« mit deutschem Eigenteil war die Werbung für Sonne, Sand und Sex zu lesen. Wenn auch diese offene Werbung für Sex kaum noch zu finden ist, so ist es eine weithin bekannte Tatsache, daß sich Mombasa neben Manila/Philippinen und Bangkok/Thailand für Sextourismus großer »Beliebtheit« erfreut. In der internationalen Männerwelt hat es sich herumgesprochen, daß die kenianischen Frauen zu erschwinglichen Preisen zu kaufen sind.

Mombasa verfügt über den größten und modernsten Hafen Ostafrikas. Als alte Hafenstadt gibt es die Prostitution hier nicht erst, seit der Massentourismus Kenia zu seinem bevorzugten Ziel erkoren hat und sich dort auch in der negativen Form des Sextourismus zeigt. An dem künstlich hergestellten Wunsch nach exotischer Befriedigung haben Reiseveranstalter, Zuhälter und Reiseagenturen kräftig mitgewirkt. So kommt es, daß sich immer mehr Frauen prostituieren. Offizielle Angaben über die Zahl der Frauen, die diesem Gewerbe in Mombasa oder in anderen Städten Kenias nachgehen, gibt es nicht. Es darf allerdings mit großer Wahrscheinlichkeit angenommen werden, daß es Tausende sind. Man kann ihre Anzahl eigentlich nur erahnen, wenn in Zeitungen Schiffe mit Tausenden von Soldaten angekündigt werden. Sicher stehen dann für jeden Matrosen eher zwei Frauen als eine zur Verfügung. Zum Empfang großer Flotten, oder wenn in der Hauptreisezeit unzählige Europäer oder Amerikaner kommen, reisen die Frauen aus allen Teilen des Landes und sogar des Auslandes (aus Uganda, Tanzania, Rwanda, Somalia) an, um am öffentlich publizierten »Geschäft« teilzunehmen.

Mombasa ist eine Inselstadt mit einer schnell anwachsenden Einwohnerzahl von über 500 000.[1] Für den Tourismus ausgebaut, gibt es einen modernen Flughafen in Mombasa. In Mombasa endet auch die Eisenbahn, die von Uganda kommend, das ganze Land durchquert.

Bei allem ist das von Touristen besuchte und »heimgesuchte« Zentrum äußerst klein. Es ist die Umgebung der Altstadt mit Ford Jesus, der Diego Road und Moi Avenue bis zu den riesigen, nachgebildeten *Tusks,* »Elefantenzähnen«, dem Warenzeichen von Mombasa. Für viele Touristen zählt auch das »Castel Hotel« (Moi Avenue) zu den bedeutenden Sehenswürdigkeiten. Dieses Hotel ist im Katalog als ideales Stadthotel für unternehmungslustige Urlauber angepriesen. Neben dem Gartenlokal »Istanbul« ist das »Castel« der Haupttreffpunkt, dort kann man sehen und gesehen werden, an Stadtrundfahrten teilnehmen, Safaris buchen, Bekanntschaften schließen und sich ganz allgemein ins bunte Treiben stürzen. Auf dessen Terrasse sitzen sie herum: jene männlichen Besucher, denen, wie immer sie auch heißen mögen und wo auch immer sie herkommen, der Zweck ihres Besuches leicht anzusehen ist. Und auch den Frauen, die hier sitzen, alleine oder in Gruppen, zum Teil elegant gekleidet, andere aufreizend herausfordernd, wieder andere schlicht und unauffällig-einfach. Sie sitzen fast den ganzen Tag herum, rund um die Uhr. Das heißt, einige sind immer da, im Castel, Istanbul, Rainbow oder Splendid. Der eigentliche Betrieb beginnt allerdings erst am Abend gegen 10 oder 11 Uhr. Dann wandern die Paare zu den Discotheken und Tanzbars. Auch einzelne Frauen, die noch keinen »Freund« gefunden haben, gehen nun dorthin. Nach Mitternacht sind nur noch diese Lokale in Betrieb. Der Besuch kostet Eintritt. In einigen Bars brauchen die Frauen nur die Hälfte zu zahlen; in anderen sind sie Mitglieder: Der Eintritt ist reduziert oder frei. Wie sie zu ihrer Mitgliedskarte kam, erzählt Lisa etwas verschämt. Mitgliedskarten bekämen nur besonders hübsche und brave Frauen, die nicht gleich Krach schlagen, wenn die Rechnung ihres Kunden etwas zu hoch ausgestellt ist. Ebenso Frauen, die harte Getränke trinken und nicht die ganze Nacht nur vor einer Flasche Bier sitzen. Bier ist sehr billig. In allen Lokalen kostet die Flasche ca. 2,50 DM.

Diese Frauen: schön, meistens noch sehr jung, manchmal auch etwas sorgenvoll, wenn sie sich unbeobachtet glauben – wie kommen sie zu diesem Job? Das war die eine Frage, die mich beschäftigte. Und die andere Frage: Was konnte ich für sie tun; wie müßte ich mich verhalten, wenn ich ihnen helfen wollte? Wenn die Frauen es überhaupt wollten – was mußte geschehen?

Das sogenannte älteste Gewerbe der Welt

Das Argument, Prostitution sei das älteste Gewerbe der Welt, es habe sie immer gegeben und werde sie auch immer geben, überzeugt mich immer weniger. Es scheint mir ein Argument aus der Sicht männlicher Interessen. Es bedürfte einer eingehenden Forschung, um herauszufinden, wie alt das angeblich »älteste« Gewerbe tatsächlich in Afrika ist. Esther Ogunmodele vertritt die Ansicht, die polygame Lebensweise der Afrikaner habe Prostitution nicht aufkommen lassen. Erst das Eindringen europäischer Zivilisation, Kultur und christlicher Verpflichtung zur Einehe habe zur Prostitution geführt.[2] White hat herausgefunden, daß Prostitution immer dann auftritt, wenn Krieg, Handel oder Arbeit Männer lange von zu Hause wegführt.[3] Die Antwort auf meine Frage, wie die Frauen in Mombasa zu dieser Art des Geldverdienens kamen, wollte ich im Gespräch mit ihnen erfahren. Fast alle sagten: »Wenn wir keine Probleme hätten, würden wir hier nicht sitzen«. Einige waren mutlos und eher depressiv in der Einschätzung ihrer Situation; andere waren voll Ärger oder gar wütend. Die Idee vom leichten Geld, vom angenehmen und einfachen Leben, wiesen sie weit zurück. »Meinen Sie, es macht Spaß, hier den ganzen Tag herumzuhängen und mit jedem Deppen abziehen zu müssen?« Gelegentlich fügen sie hinzu: »Bevor wir hierher kamen, waren wir gesund, nun sind wir ständig krank und werden laufend untersucht«. So sprechen die Frauen im Castel, Istanbul oder Rainbow. Sie stecken drin im »ältesten Gewerbe« der Welt, welches angeblich nicht abgeschafft werden kann.

Die Situation der Frau in den meisten Stämmen Kenias

Es trifft nicht speziell für Kenia allein zu, aber eben auch hier, daß Mädchen weniger wert sind als Jungen. In vielen Stämmen ist die Tochter nicht erbberechtigt, nur der Sohn und gegebenenfalls noch der Schwiegersohn. Ist die Familie arm, wird das Schulgeld eher für den Jungen als für das Mädchen ausgegeben. Ohne Schulausbildung, ohne Land und Besitz, hat die Tochter einen sehr schweren Start ins Leben.[4] So versuchen die Eltern, ihre Töchter sehr bald zu verheiraten. Wenn auch das Mädchen in vielen Familien die Möglichkeit hat, ihren Ehemann selbst zu wählen, so scheint es vor allem bemerkenswert, daß die Töchter dazu erzogen werden, das elterliche Haus zu verlassen. Das eigentliche Heim ist die Wohnstatt des Mannes. Mädchen, die zu lange im elterlichen Haus bleiben, werden als Unglücksbringer angesehen. Außer einer Heirat bleibt dem jungen Mädchen das Arbeiten auf dem elterlichen Acker, das Verdingen im fremden Haushalt, die Suche nach einer Stelle als Lohnarbeiterin in einer Fabrik oder in der Landwirtschaft. Im fremden Haushalt hat die Angestellte kaum das Recht auf Freizeit, und der Lohn ist sehr gering. In Mombasa liegt er etwa bei 60,– bis 80,– DM im Monat. Oft kommt es vor, daß sie der Hausherr praktisch zur Nebenfrau macht. Gerade eine hübsche Frau ist da besonders gefährdet. Die Arbeitslosigkeit ist sehr hoch, die Löhne in der Fabrik sind ebenfalls minimal, und meistens gibt es nur Saisonarbeit. Auch in der Fabrik ist der sexuelle Mißbrauch von Arbeiterinnen durch die Vorarbeiter üblich. In der Landwirtschaft sind die Berufschancen ebenfalls nicht hoch. So nehmen viele junge Frauen einen Job als Bedienung in Bars an. Auch hier ist keine wirkliche Chance, um das geringe Gehalt aufzubessern. Weil es von einer Barfrau erwartet wird, verdient sie sich als Prostituierte das notwendige Zugeld.

Diese Ausgangssituation ist nicht nur aus den Lebensbeschreibungen der einzelnen Frauen zu erfahren. Auch in Gesprächen mit Lehrerinnen, Sozialarbeiterinnen und anderen Frauen, die im Leben eine größere Chance hatten, stellt sich das Problem ähnlich dar. Trotzdem schwirrte in vielen Köpfen dieser Frauen auch die Einschätzung, daß die Prostituierten sich nicht genug angestrengt hätten, um ein anderes Leben zu führen. Sie seien vergnügungssüchtig, sie wollten auf einfache Weise ihr Geld verdienen ...

Frauenschicksale

Einige der Frauen im Gewerbe haben eine gescheiterte Ehe hinter sich. Oder sie sind einfach weggelaufen, weil sie die elterliche Wahl des Ehegatten nicht akzeptieren wollten, wenn der ausgewählte Ehemann schon viel zu alt für sie war, schon einige Frauen und Kinder hatte. Die geschiedenen Frauen führen immer wieder an, daß sie schlecht von ihren Männern behandelt wurden. Die Männer empfinden es als ihr selbstverständliches Recht, die Frauen zu schlagen, wenn ihnen etwas nicht paßt. Die Frauen sind verantwortlich für die Versorgung der Familie mit Nahrungsmitteln. Dafür bearbeiten sie das Feld des Ehemannes. Den eigenen Verdienst sieht der Mann mehr oder weniger als persönliches Taschengeld an. Wenn er will, kauft er der Frau Geschenke in Form von Stoffen oder Kleidern; er beteiligt sich größtenteils am Schulgeld für die Kinder. Die Frauen erzählen, die Ehemänner brächten ihr Geld mit fremden Frauen durch und gäben das meiste Geld für Alkoholika aus. So kommen sie nicht selten zu der Feststellung: »Ein Ehemann ist völlig unnütz«. »Wir sind doch für alles zuständig und müssen dafür sorgen, daß die Familie zu essen hat; auch den Mann müssen wir noch füttern. Er spielt sich auf und schlägt uns nach Belieben«. Viele Frauen machen da nicht mehr mit. Sie geben ihre Kinder der eigenen Mutter und versuchen, Geld für den Unterhalt in der Prostitution zu verdienen.

Junge Frauen erzählen oft, daß sie vorzeitig von der Schule abgingen, weil sich der Vater eine zweite oder dritte Frau genommen hatte und nicht mehr genügend Geld für die Schule vorhanden war. Bisweilen wurden sie als Schülerin bereits schwanger und mußten darum die Schule verlassen. Das frühzeitige Abgehen der Mädchen von der Schule scheint ein allgemeines Problem zu sein. Es wird sogar offen in der Zeitung diskutiert; auch im Zusammenhang mit der Frage, ob man eventuell 10jährigen Mädchen die Pille geben solle ...[5]

Von zwanzig von mir befragten Frauen der Altersklasse bis 20 Jahre hatte nur die Hälfte keine Kinder, obwohl 17 von ihnen ledig waren. Ihr Ausbildungsstand war gering: Drei von ihnen hatten noch nie, die anderen durchschnittlich sechs Jahre die Grundschule besucht. Dreißig andere Frauen, die uns im später errichteten Zentrum aufsuchten, um bei unserer Arbeit mitzumachen, habe ich ebenfalls nach ihrer Situation befragt. Von diesen dreißig Frauen zwischen 20 und 35 Jahren hatten 13 noch nie eine Schule besucht, die anderen waren durchschnittlich sechs Jahre auf einer Grundschule gewesen. 20 der Frauen waren ledig, fünf geschieden, drei Witwen, eine hatte ihren Mann verlassen, eine war von ihrem Mann verlassen worden. Nur drei Frauen hatten keine Kinder, die anderen meist mehrere zu versorgen.

Ist die Ausgangssituation der Frauen schon belastet dadurch, daß sie keine Chance hatten, weder durch eine gute Schul- oder Berufsausbildung noch durch ein wohlhabendes Elternhaus, das ihnen den Start ins Leben hätte erleichtern können, noch durch eine Gesellschaft, die ihnen Rechte und Möglichkeiten hätte verschaffen können, so scheint die Prostitution bisweilen wie der einzige Ausweg. Aber sie ist nur eine sehr kurzfristige Scheinlösung, um das materielle Elend der Frauen abzuwenden.

Prostituierte, vor allem, wenn sie im Bereich des Prostitutionstourismus tätig sind, haben sehr hohe Unkosten. In Kenia ist die Prostitution offiziell verboten. Es gibt in Mombasa auch noch das Zusatzverbot des »Bummels zum Zweck der Prostitution«. Das gibt jedem Polizisten jederzeit die Möglichkeit und das Recht, »verdächtigen« Personen Geldbußen aufzuerlegen oder sie einzusperren. Das Gesetz sagt zwar: »Jede Person«, die zum Zweck der Prostitution auf der Straße bummelt, kann bestraft werden. Dieses Gesetz wird allerdings nur auf Frauen angewendet. Um Kontrollen zu entgehen, nehmen die Frauen oft ein Taxi, um ein paar Schritte von einem Restaurant ins andere zu fahren. Aber es werden auch Razzien in den einschlägigen Restaurants durchgeführt. Dann flüchten auch nur die Frauen. Männer können ruhig am Tisch sitzen bleiben und ihr Bier in Ruhe weiter trinken. Um nicht ins Gefängnis zu kommen, haben umsichtige Frauen immer etwas Geld für die Polizei in der Tasche. »Pech, wenn ich am Abend mehreren Polizisten begegne«, sagte eine Frau.

Viele Prostituierte mieten sich in Hotels ein, um möglichst nahe am Ort des Geschehens zu sein. Die billigsten Zimmer kosten DM 10,– pro Nacht. Mehr als zwei Nächte wird ihnen die Miete nicht gestundet, sonst werden ihre Kleider verpfändet. Einige wenige Kleider sind aber oft der einzige Besitz, den die Frauen haben. Sie bekommen keine Kunden, wenn sie nicht gut gekleidet sind. So ziehen es viele Frauen vor, eher hungrig zu bleiben, als die Miete nicht zu zahlen. Aber es kommt auch immer wieder vor, daß sie die Miete nicht zahlen können und mit dem einzigen Besitz, den sie am Leibe tragen, auf der Straße stehen.

Zu den regelmäßigen Aufwendungen der Prostituierten kommen, neben Kleidung und Make-up, auch Getränke und Verpflegung in den Clubs. Sie können sich in ihren Zimmern kein billiges Essen kochen. Das Eintrittsgeld für den Club müssen sie selbst aufbringen, solange sie noch ohne Begleitung sind. Aber dann ist ja auch keineswegs sicher, daß sie Einnahmen haben werden.

Wenn die Frauen einmal krank sind, bleiben sie ohne jede Einnahme. Außerdem haben sie ja nicht nur für sich selbst zu sorgen; die meisten von ihnen haben Kinder, Eltern oder Geschwister, die sie miternähren müssen.

Können oder wollen die Frauen bei einer Festnahme durch die Polizei nicht zahlen, können sie bis zu 6 Monate mit Gefängnis bestraft werden. Während des Gefängnisaufenthaltes läuft die Miete weiter; außerdem sind die Kinder unversorgt. Am Beispiel von Lisa hatte ich Gelegenheit, eine solche Situation zu erleben. Lisa, 27 Jahre, hat vier Kinder, das älteste, ein Mädchen, ist 12 Jahre alt, das kleinste Kind 8 Monate. Als Lisa für zwei Monate ins Gefängnis kam, hat die Nachbarin die drei ältesten Kinder in die 500 km entfernte Hauptstadt Nairobi zu Lisas Schwester geschickt. Das Baby behielt sie selbst und kümmerte sich darum. Nach der Entlassung hatte Lisa eine sie völlig überforderte Mietschuld. Hinzu kamen Schulden bei der Nachbarin für die Betreuung des Babys und das Fahrgeld für die drei Kinder, von denen sie keine Nachricht hatte und nicht wußte, ob sie tatsächlich bei der Schwester gelandet waren. Wir nahmen Lisa in unser Zentrum mit, um sie vor einer Verzweiflungstat zu retten.

Die Frauen leben von der Hand in den Mund. Nur ganz wenigen gelingt es, sich für das Alter abzusichern und eine Zukunft aufzubauen. Die Frauen wissen um ihre aussichtslose Situation, die im Alter noch hoffnungsloser wird. Sie wissen um Bondeni, wo die armen und älteren Leute sitzen. Bondeni ist ein Viertel, in das ein europäischer Tourist kaum hinkommt. Dort finden sich meistens nur noch afrikanische Männer ein, die für eine »Begegnung« nicht mehr als eine Mark zahlen. Hier herrscht wirkliches Elend. Hier endet auch das Leben der meisten.

Die ganz jungen Frauen träumen von einem europäischen Ehemann, der eine Lösung ihrer Probleme darstellen könnte. Daß die wenigen Ehen mit Touristen schiefgehen, teilweise sogar eine Falle der »Ehemänner« darstellten, in deren Heimat sie als Prostituierte arbeiten sollen, wollen sie nicht wahrhaben, obwohl all das bekanntgeworden ist durch die Frauen, die wieder zurückgekommen sind.

Auch der Weg zurück in die Dörfer ist den meisten Frauen nicht mehr möglich. Meistens werden sie mit Verachtung gestraft und haben kaum eine Möglichkeit, ein normales Leben neu zu beginnen.

Die gesundheitlichen Folgen der Frauen in der Prostitution sind Geschlechtskrankheiten und Alkoholismus mit allen denkbaren Folgeerkrankungen.

Die Frauen trinken bereits, wenn sie auf ihre Kunden warten, um sich die Zeit zu vertreiben. Sie trinken, wenn sie als Animierdamen in Bars und Hotels arbeiten. Oft müssen sie aber auch den Ekel vor den Männern, die sie sich für Liebesbeziehungen nie aussuchen würden, herunterspülen.

Da die Männer, die als Kunden zu den Frauen kommen, sich nie einer gesundheitlichen Untersuchung unterwerfen müssen, können sie die Frauen mit allen möglichen Krankheiten anstecken, z. B. auch mit AIDS.

Obwohl Prostitution in Kenia verboten ist, gibt es eine Klinik, in der die Frauen alle 8 Tage untersucht werden. Wenn sie gesund sind, bekommen sie einen Stempel mit Datum in ihre grüne Karte. Ohne diese Karte, die sie beim Portier vorzeigen müssen, werden sie mit den Touristen in die Hotels nicht hineingelassen. Empfängnisverhütende Mittel, wie Pille und Dreimonatsspritze, werden kostenlos in der Klinik ausgegeben. Einige Frauen akzeptieren es trotzdem, von einem Touristen ein Kind zu bekommen. Oft ist damit die Hoffnung verbunden, auf diese Weise eine regelmäßige Unterstützung für das Kind zu erhalten. Aber auch hier geht nur ganz selten die Rechnung auf.

Nach Wohnung, Kundenkreis und Einkommen können die Prostituierten in drei verschiedene Gruppen eingeteilt werden.

Die Gruppe der wenigen Frauen, die für sich und ihre Kinder eine Zukunft gesichert haben, sind diejenigen, die ein Land, Haus oder sogar eine Farm kaufen konnten. Damit haben sie auch gesicherte Einkünfte. Es ist ihnen gelungen, ihre Kinder vom persönlichen Leben fernzuhalten, sie in guten Schulen ausbilden zu lassen. Ihre Kinder sollen es besser haben. Diese Frauen kommen nur ganz selten nach Mombasa. Sie wohnen in Nairobi, haben dort auch ihre Einkünfte und Kunden.

Die zweite Gruppe setzt sich aus sehr jungen Frauen zusammen, die gerade gut im »Geschäft« sind, aber trotzdem auch dessen Schattenseiten kennen. Sie wollen selbständig und gut leben. Ihr Hauptkundenkreis sind die Touristen und Seeleute. Sie wohnen in Hotels oder Appartements. Gelegentlich reisen sie mit ihren Kunden durchs Land. Sie sprechen noch von Träumen, z. B. vom Wunsch, einen guten Mann zu finden, der sie heiratet. Ihre Selbstdarstellung nach außen ist die einer selbstsicheren und fröhlichen Natur, der der Erfolg anzusehen ist. Solche Frauen sind sehr darauf bedacht, daß die Kolleginnen der Branche nichts von ihrem Elend bzw. momentanen Schwierigkeiten erfahren. Rivalität und Angst voreinander sind sehr groß. Es ist ihnen sehr wichtig, vor den anderen immer groß dazustehen. Deshalb stellen sie sich sicher im Auftreten dar, geben sich lustig, witzig und großzügig.

Sie können in einer Nacht mehr verdienen als eine Hausangestellte im Monat, aber ihre Einkünfte sind nicht sicher.

Die dritte Gruppe setzt sich aus den Frauen zusammen, die die Erfahrung machen, daß ihre Zeit abgelaufen ist. Sie haben die Dreißig überschritten. Touristen als Freier gibt es für sie kaum mehr, gelegentlich noch Seeleute. Sie sitzen im Armenviertel Bondeni und anderen Bezirken. Sie verdingen sich als Barfrau, bekommen für jede Begegnung kaum 1,– DM, oft nur ein Getränk oder ein Essen. Viele haben nichts anderes mehr zu tun, als vor dem Haus zu sitzen und zu warten. Einige vertreiben sich die Zeit des Wartens mit Handarbeiten; die meisten sitzen nur herum. Die Armut und das Elend zeigen sich nicht nur an den Häusern, der Wohnung und an der Kleidung der Frauen; sie haben sich auch in ihre Gesichter geschrieben.

Die Käufer der Ware Liebe

Bei allem wird immer wieder die Frage gestellt, wer die Männer eigentlich sind, die sich als »Kunden« des Gewerbes immer wieder einstellen? Oft sind es die Brüder eines Kegelklubs, die eine Billigreise gebucht haben und darauf aus sind, etwas zu erleben. Es sind ältere Herren, die sich von jungen Frauen ihre Attraktivität bestätigen lassen wollen. Dabei lassen sie sich gerne einreden, wie anziehend sie noch sind. Und sind auch bereit, sich solche Schmeicheleien etwas kosten zu lassen. So kommen die Frauen gelegentlich zu der Schlußfolgerung, daß ein Alter besser sei als ein Junger. Der Junge spricht von Liebe, aber läßt die Frauen verhungern. Der Alte zahlt wenigstens. Alles andere wird unwichtig.

Ina, 21, erzählt von ihrem »Alten«, der schon ihr Urgroßvater sein könnte. Aber er zahlt. Als sie ihn mir eines Tages vorstellte, war er ganz froh darüber. Denn nun konnte er endlich wieder Deutsch sprechen. Er ist 73 Jahre alt, spricht nur deutsch. Ina spricht Kiswaheli und Englisch, aber kein Deutsch. Er hat in einer deutschen Stadt ein kleines Café, das von seiner Frau geführt wird. Sie sei alt und frage nicht mehr nach ihm. Die Afrikanerin erzählte es mir und ich übersetzte. Er wolle sie heiraten, wenn seine Alte gestorben sei, erzählt mir Ina. Über ein solches Gespräch wurde er dann doch ein wenig unwillig und meinte: »Laß sie doch leben, sie tut uns ja nichts.«

Irgendwie hat mir dieser alte Mann leid getan, weil er sowenig mit sich und seinem Alter fertig zu werden schien. Die junge Frau von 21 Jahren mit einem kleinen Baby, das sie an diesem Abend der Vorstellung dabeihatte, das aber von einem anderen deutschen Touristen stammte, bewohnte mit einer Kollegin nur ein kleines Zimmer. Nun schleppte sie den Alten von einer Diskothek in die andere. Weil keiner die Sprache des anderen verstand, konnten sie nicht miteinander reden. Der alte Mann war zudem für ein ganzes Jahr gekommen.

Beobachtet man die Szene im Castel und schaut sich die Männer näher an, ist die allgemeine Sprachlosigkeit auffallend. Erst recht spät fiel mir auf, daß sehr viele Deutsche, Österreicher und Schweizer weder Englisch noch eine einheimische Sprache sprachen. So bleibt nicht viel mehr übrig, als sich in gegenseitiger Be- und Verwunderung anzuschauen, was bald zu einem gelangweilten In-der-Gegend-Herum-Starren wird. Die Tatsache, sich nicht verständigen zu können, ist wohl auch ein Grund dafür, daß die Männer gewöhnlich mit einer Frau die zwei oder drei Wochen ihrer Ferien zusammenbleiben. Schließlich ist es schon mühsam genug, sich mit einer Frau zu verständigen. Nicht alle Touristen sind großzügig und gebefreudig. Einige versuchen sogar, die Frauen übers Ohr zu hauen und im Nachhinein nur ein kleines Trinkgeld zu spendieren. So kommt es gelegentlich auch zum Streit, den die Frauen mit einer Bierflasche abzuwehren versuchen. Erstaunlicherweise halten dann Kellner und ausländische Touristen eher zusammen, als daß die Frau Hilfe erfährt. Es ist nicht die einzige Form der Gewalt, die die Frauen zu spüren bekommen.

Natürlich kommen nicht nur alte Männer als Sextouristen nach Kenia. Diese rekrutieren sich aus allen Altersklassen, aus allen Berufen und Gesellschaftsschichten. Es gibt viele, die keine Fremdsprache sprechen, aber auch andere, die gut Englisch und vielleicht sogar ein wenig Kiswaheli verstehen. Es gibt Angeber, aber auch Schüchterne und Gehemmte. Die Palette der Kunden ist ebenso bunt wie die der Frauen. Trotzdem haben alle Kunden gemeinsam, daß sie an der Frau als »billige Ware« interessiert sind. Dem Wohlstandsbürger tritt da eine Frau als Konsumgut gegenüber, die man sich »preiswert« leisten kann. Der Massentourismus ist auf solche Bedürfnisse eingestellt; er ist von vornherein so angelegt, daß er allen etwas ermöglichen will, was »man« sich, rein finanziell gesehen, in deutschen Bordellen, Clubs oder Saunen nicht gestatten oder nur selten erlauben kann. Bei vielen Männern werden also Instinkte und Bedürfnisse angesprochen, die das Geschäft mit der Armut der Armen florieren lassen.

Das Geschäft mit der Armut der Armen

Es ist schon eigenartig, was sich da abspielt. Niedere und ärmere Schichten von Touristen, sonst einflußlos und recht ohnmächtig, bekommen plötzlich Macht und Einfluß über andere Menschen, die als »Einheimische« und »Nur-Afrikanerinnen« ihnen unterlegen zu sein scheinen. Aus solchen Ambitionen schlagen dann auch die Zuhälterunternehmen der Reiseveranstalter Profit. Denn was zählt, ist die »Billigkeit der Ware«; nicht der Mensch in seiner persönlichen und sozialen Elendssituation.

Ein Überheblichkeitsgefühl ohnegleichen. Ein Herrenmenschendenken muß da doch mitspielen. Sonst wäre es kaum möglich, daß die Not einheimischer Frauen so ausgebeutet wird. Organisierte Sexreisen in die Dritte Welt werden letztlich nur möglich, weil das Elend die Menschen zum Äußersten treibt. Auch Bayern und Österreich sind beliebte Urlaubsziele. Trotzdem käme kein Reiseveranstalter auf die Idee, in diese Länder Sexreisen zu organisieren. Die Frauen, die ebenfalls schön sind in diesen Ländern, würden empört reagieren, wenn eine solche Idee aufkäme. Die Frauen in Kenia müssen sich eine solche Schmach gefallen lassen. Neben Sexismus verbirgt sich dahinter ein massiver Rassismus. Der deutsche Michel, der seine Motive nicht hinterfragt, wenn er zum Zweck der Prostitution in ein Entwicklungsland reist, dem angeblich alles zusteht, was er sich kaufen kann, hat viele Brüder in aller Welt. Sie denken wie er und gebärden sich wie er. Schon bei der Ankunft am Flughafen verrät sein Auftreten, wessen Geistes Kind er ist. Die Art, wie er auftritt, wie er die »Schwarzen« scheucht, wie er sich bewußt ist, König in einem fremden Land zu sein, zeigt, woher er kommt, und wer er ist. Wenn am Morgen schon um sechs Uhr, in der

Hauptreisezeit, drei Jumbojets anfliegen und je 450 Touristen ausspucken, dann erinnert das an eine Invasion. Hinzu kommen die Soldaten der riesigen Kriegsschiffe, die die Weltmeere durchkreuzen und nach Feinden Ausschau halten. Nach sechs Monaten auf hoher See laufen sie Mombasa an. Ich denke da z. B. an die großen amerikanischen Flugzeugträger mit ihren 11000 Mann Besatzung, die regelmäßig die Stadt überfallen. Die Tageszeitung »Nation« schrieb über die »gute Fröhlichkeit« der Soldaten.[5] Diese Männer haben ihren Sold ausbezahlt bekommen, hatten aber auf dem Schiff keine Gelegenheit, Geld auszugeben. Nun will jeder an ihnen verdienen: die Zuhälter, die Frauen, die Händler, die Taxis, die Kellner etc. Die Macht des Geldes verschafft auch den Matrosen ihr besonderes Auftreten. Sie können sich jetzt alles kaufen. Schnell finden sie ihre Verbündeten, heute die Zuhälter, die »behilflich« sind bei der Suche nach der geeigneten Frau. Die Aufgabe der Vermittlung wird in Kenia größtenteils von Taxifahrern, Kellnern und Discjockeys wahrgenommen.

Um auch in Deutschland den Markt mit Frauen aus Afrika abzudecken, gibt es nach Deutschland gute Verbindungen. Es erstaunt jedenfalls, wenn in Mombasa junge Mädchen von kaum 18 Jahren glaubwürdig behaupten, sie seien zwei Jahre in Deutschland gewesen. Oder wenn eine andere Frau von ihrem deutschen Ehemann erzählt, daß er sie mit 16 Jahren nach Deutschland mitgenommen, sie mit 18 Jahren geheiratet habe. Tatsächlich konnte die mitgeführte Heiratsurkunde den Tatbestand beweisen. Das Alter des Mannes war zur Zeit der Eheschließung 66 Jahre. Er hatte das junge Mädchen nach Deutschland mitgenommen und sie dort in der Prostitution für sich arbeiten lassen. Dies sind keine Einzelfälle. Jedoch stimmt noch alarmierender, wenn Kinder gekauft oder verkauft werden. Frauen, die sich in aussichtsloser Situation befinden, werden immer wieder von »Händlerinnen« angesprochen. Das Angebot klingt dann direkt verlockend. Für eine junge Mutter mit drei kleinen Kindern, die sich noch dazu verschuldet hat, klingt das Angebot, ihr Babyboy für KSH 5000,– zu verkaufen, durchaus wie die Lösung vieler Probleme. Es wird ihr noch versprochen, der Junge, den sie selbst kaum ernähren kann, bekäme ein reiches Elternhaus, gute Nahrung und später eine gute Ausbildung. Die Frage, ob sie als arme Mutter dem Glück ihres Kindes im Weg stehen wolle, wird dann zu einer Gewissensfrage. Außerdem, so geht die Überlegung weiter, bekäme sie selbst viel Geld zur Deckung ihrer Schulden und für die Ernährung der verbleibenden Kinder.

Solwodi – Solidarität mit Frauen in Not

Solidarität mit Frauen in Not – Solwodi – (solidarity with women in distress). Das muß die Antwort sein. Die Kenntnis der persönlichen Schicksale kann eigentlich nur zu gemeinsamen Überlegungen mit den Frauen selbst führen. Was ist zu tun, um aus dieser Situation auszusteigen? Wenn der Wunsch nach Veränderung stark genug ist, dann müßte es doch möglich sein, gemeinsam einen Ausweg zu finden, eine neue Chance zum Überleben zu suchen und zu finden. Die betroffenen Frauen sind zwar geprägt und verwundet von ihrem Leben, aber sie erweisen sich auch als starke Frauen, die sich über alle Vorurteile hinwegzusetzen fähig sind und leben wollen. Mit ihnen zusammen muß ein Ausweg gefunden werden.

Als ich in den Cafés den Gedanken eines Frauentreffs äußerte, wo die Frauen über ihre Probleme sprechen könnten, um gemeinsam Auswege zu suchen und zu finden, stieß ich auf viel Mißtrauen und Zurückhaltung. Wollte sie da einmal mehr jemand aushorchen und anschließend sitzen lassen? So sah ja ihre Lebenserfahrung aus. Immerhin waren einige neugierig genug und erlebten zudem ihre Situation als so untragbar, daß sie zu einem ausführlichen Gespräch ins Kloster kamen. Als wir dann ein Haus, zwei nett eingerichtete Räume hatten, faßten die Frauen allmählich Vertrauen. Sie brachten Freundinnen mit, denen es ähnlich ging wie ihnen und die aussteigen wollten. Die Frage für unser Zentrum war nun, was sie denn tun könnten, um Geld zu verdienen. Sie waren ja ohne Beruf, ohne Ausbildung; zudem ist die Arbeitslosigkeit in der Stadt und im ganzen Land groß. Nach vielen Überlegungen fiel den einzelnen Frauen ein, was sie wenigstens versuchen könnten. Zum Beispiel wollten einige Nähen lernen. Damit glaubten sie, sich selbst helfen zu können. Ganz gleich, was die Frauen lernen wollten – es war wichtig, daß es realisierbar war. Eine Schule konnte gefunden werden, und es schien wichtig, daß sie einen Abschluß machen konnten. Für ihr Selbstwertgefühl war eine bestandene Prüfung sehr wertvoll. Selbst in den einfachsten Nähschulen werden im allgemeinen Lesen und Schreiben als Voraussetzung verlangt. Das war die Hürde für viele, die nie in einer Schule waren. Also mußte für sie eine andere Arbeit vorgeschoben werden: Kurse in Alphabetisation. Eine italienische Töpferin, die zur selben Zeit in Mombasa war, um Ferien zu machen, erbot sich, den Frauen beizubringen, wie Perlen aus Ton geformt, bei einem einheimischen Töpfer gebrannt und von den Frauen mit den Perlen aus traditionellem Schmuck zu Ketten verarbeitet werden könnten. Das war eine gute Idee. Wir konnten sie bald umsetzen und verkauften schon bald die ersten Halsketten, sogar nach Deutschland.

Ein Teil der Frauen besuchte die Nähschule, weil sie bessere Voraussetzungen dafür hatten. Mit einer anderen Gruppe kamen wir auf die Idee, Kuchen zum Verkauf anzubieten. Später sind wir auf Vollkornbrot umgestiegen, das wir jetzt in fünf Supermärkten und einem Hotel verkaufen.

Ein neues Problem stellte sich bald, für das eine Lösung gesucht werden mußte. Die Frauen haben Babys, für die kleine Mädchen von zehn bis zwölf Jahren als Babysitterinnen gefunden wurden. Dies erwies sich jedoch als sehr unbefriedigende Lösung. Die kleinen Hüterinnen konnten nicht zur Schule gehen; zudem bekommen sie nur umgerechnet 10,– DM im Monat. Also mieteten wir einen Raum. Zur Zeit haben wir einen Containerraum für die Babys der Frauen. Eine deutsche Erzieherin hat die Kindertagesstätte organisiert und leitet sie mit vier Frauen des Solwodi-Zentrums.

Eine Norwegerin stellte sich zeitweilig zur Verfügung, um den Frauen Kurse in Batiktechnik zu geben.

Einige Frauen kamen auf die Idee, Eis zum Verkauf herzustellen. Das ist eine mühselige Arbeit; sie zeigt deutlich, wie schwer es für Arme ist, Geld zu verdienen. Die Eislollies von

Solwodi kosten 0,50 KSH (9 KSH = 1,– DM). Die Eisherstellerinnen müssen sich ganz schön anstrengen, um einen Tagesverdienst zu erarbeiten.

Für die Frauen, die eine Schulausbildung mitbrachten, wurden private Schulen gefunden, z. B. für Buchführung, Stenographie und Schreibmaschine. Eine der Frauen, die ihren Kurs erfolgreich abgeschlossen hat, arbeitet nun als Sekretärin bei Solwodi.

Ein anderer Versuch, Arbeitsplätze zu schaffen, ist die Errichtung eines Kiosks. Zwei Frauen bereiten Frühstück und Mittagessen zu und tätigen den Verkauf zum eigenen Profit.

Eine Gruppe für einheimische Handarbeiten aufzubauen, ist bislang nicht gelungen. Die Frauen haben recht früh ihr traditionelles Milieu verlassen und sind nicht sehr kundig im einheimischen Kunstgewerbe. Jedenfalls stellt Solwodi den Versuch dar, mit den Frauen selbst neue Möglichkeiten ihrer Existenzsicherung zu finden. Außerdem soll ihr angeschlagenes Selbstwertgefühl und ihre Würde wiederhergestellt werden. Alle 53 Frauen, die jetzt im Zentrum arbeiten oder eine Ausbildung erhalten, treffen sich jeden Dienstag nachmittag zum Gespräch. Bei diesen Treffen werden die Regeln des Zusammenlebens und -arbeitens in Solwodi überlegt und festgelegt. Es werden die Alltagsprobleme besprochen, Ideen für neue Arbeitsmöglichkeiten entwickelt und Überlegungen angestellt über die Probleme der Prostitution, der Stellung der Frau in der Gesellschaft, ihr Verhältnis zum Mann, zum Sextourismus und überhaupt über alles, was die Frauen betrifft.

Einzelprobleme werden in Beratungsgesprächen aufgegriffen, wovon reichlich Gebrauch gemacht wird. Im Zentrum Solwodi ist der Schaden, den die Frauen durch ihre frühere »Arbeit« erlitten haben, leicht feststellbar. Obwohl sich die Frauen sehr bemühen, gut miteinander umzugehen, bleibt das Mißtrauen gegeneinander sehr groß. Sie sind leicht verletzlich – wie Menschen, die ein schwaches Selbstwertgefühl haben und große Leiderfahrung hinter sich haben. Aber sie kommen gerne nach Solwodi. Obwohl das Zentrum schon zwei Jahre besteht, sind immer noch die ersten Frauen dabei. Es kommen sehr viele neue Anfragen: Jeden Mittwoch, am Tag der offenen Tür, kommen 20 bis 40 Frauen, um bei Solwodi mitmachen zu können. Denn daß sich hier neue Möglichkeiten eröffnen, hat sich schnell rumgesprochen in Mombasa.

Schlußüberlegungen

Wenn hier über Sextourismus und Prostitution berichtet wurde und über kleine Schritte zur Lösung damit zusammenhängender Probleme, dann ging es vor allem darum, am Beispiel eines konkreten Landes Tatsache und Auswirkungen von Erholung und Urlaub auf Kosten anderer Menschen aufzuzeigen. Wie in Mombasa, gibt es auch in anderen Städten Afrikas solche und ähnliche Formen der Ausbeutung. Wenn es der Bevölkerung eines Landes wirtschaftlich schlecht geht, liegt das nicht immer daran, daß das Land selbst und seine Voraussetzungen, seine Beschaffenheit so erbärmlich sind, sondern weil es mit der gerechten Verteilung von Chancen nicht klappt, weil die Mächtigen und Einflußreichen alles an sich reißen und selbst nie genug bekommen. Dieser Tatbestand wird oft mit dem Begriff „Ausbeutung" umschrieben. In einer solchen Situation, in der die vielen arm und die wenigen reich sind, sind die Frauen immer doppelt ausbeutbar und ausgebeutet. Ihre Stellung in der Gesellschaft läßt von vornherein nicht zu, daß sie für ihre Rechte eintreten. Hinzu kommt die sexuelle Ausbeutung. Sie werden dafür besonders leicht anfällig, weil sie sich immer auch verantwortlich fühlen für die Familie, besonders für eigene Kinder.

Die materielle Not der breiten Massen der Frauen ist ganz allgemein in Afrika sehr groß. Das trifft für Kenia ebenso zu wie für viele andere Länder Afrikas. Daß die Erholungsindustrie der reichen Länder diesen Umstand gesehen hat und ihn für eigene Zwecke ausbeutet, ist schlichtweg menschenverachtend. Auf eine große Anfrage an den Deutschen Bundestag zum Thema: »Menschenhandel mit ausländischen Mädchen und Frauen, besonders aus Entwicklungsländern, sogenannte Heiratsvermittlung und sogenannter Prostitutionstourismus«, hat die Regierung in ihrer Antwort unter anderem das Argument aufgegriffen, daß Prostitution eine der wenigen

Möglichkeiten für Arbeitslose oder Unterbeschäftigte darstelle, sich den Lebensunterhalt zu verdienen und die eigene Familie zu unterstützen (Drucksache 10/3753, p. 2). Die Situation der Frau, die sich und ihren Kindern das Überleben durch Prostitution ermöglicht, scheint auf den ersten Blick richtig gesehen. Nur führt er schnell zum Ausverkauf von Menschlichkeit, wie die Erfahrung zeigt. Und das darf nicht einfach hingenommen werden. Da die Frau in der afrikanischen Gesellschaft ganz allgemein und in Kenia im besonderen die Hauptrolle bei der Versorgung der Familie spielt, müßte bei der Entwicklungshilfe das Hauptaugenmerk auf die Unterstützung von Projekten gerichtet werden, in denen die Frauen in ihrer schweren Aufgabe unterstützt und ausgebildet werden. Als Beispiel sei die Landwirtschaft angeführt. Die FAO schätzt den Anteil der Landarbeit, der von Frauen in Afrika übernommen wird, auf 60 Prozent. Dabei ist zu unterscheiden, daß die Frauen in den nordafrikanischen Staaten durch die Religion (Islam) gezwungen werden, sich nur im ›Hausbereich‹ aufzuhalten, so daß der Anteil der landwirtschaftlichen Arbeit, bezogen auf Länder südlich der Sahara, noch größer ist.

Obwohl die Frauen die entscheidende Rolle in der Landwirtschaft leisten, werden Fortbildungsprogramme und Entwicklungsinitiativen fast ausschließlich zugunsten der Männer durchgeführt bzw. ergriffen. Solwodi und andere Hilfsorganisationen machen darauf aufmerksam, daß Hilfsprogramme in viel stärkerem Maße als bisher die Lebensverhältnisse der Frauen zu berücksichtigen haben.

Projekte, die den Frauen eine bessere wirtschaftliche Situation verschaffen, machen diese auch unabhängiger und helfen gleichzeitig beim Abbau des Sextourismus. Denn wie sich zeigt, sind Not und Elend der Grund, daß Frauen sich für Geld hergeben.

Nur über die Frauen, das ist sicher, kann Afrika gerettet werden. Afrika hat starke und wunderbare Frauen. Sie dürfen nicht dem primitiven Vergnügen und der Langeweile einer internationalen Männerclique geopfert werden. Im Sextourismus gibt es eigentlich nur Opfer und Verlierer, keine Gewinner, vom materiellen Gewinn der Organisatoren abgesehen. Der Mann, der nur wegen seines Geldes ein wenig Zärtlichkeit erhascht, ist im Grunde genauso arm dran wie die Frau, der er sein Geld gibt, auch wenn er sich »erhaben« dabei vorkommt. Es gibt keinen Grund für Männer, sich in Stammtischrunden ihrer Erfahrung zu brüsten. Sie haben vom menschlichen Elend und der wirtschaftlichen Not anderer in zweifelhafter Weise profitiert und dabei ihre eigene Menschlichkeit preisgegeben. Das ist alles. Zu wenig zum Angeben; zu viel, um darüber zu schweigen.

Anmerkungen

1 Vgl. Graham Waters and John Odero: Geography of Kenya and the East African Region, Hong Kong, 1986, S. 195.
2 Esther Ogunmodele: »The oldest Profession is not so old in Afrika«, New African, Sept. 1981, S. 41.
3 Vgl. Luise Susan White: A history of Prostitution in Nairobi, Kenya. University Cambridge, 1983.
4 Vgl. Carola Donner-Reichle: Die Last der Unterentwicklung. Frauen in Kenya. Dialogus mundi, Band 3, Berlin, 1977, S. 15ff.
5 Daily Nation, 10. Oktober 1985, S. 4.

Teil IV

»Die meisten dachten, ich sei eine Prostituierte«

Als Filipina in der Schweiz

Jo Gabriel-Luzon

Als Filipina in der Schweiz

Meine ersten Eindrücke von der Schweiz gleichen jenen anderer Filipinas, die zum ersten Mal in dieses Land kommen: Die Straßen haben keine Löcher, nirgends liegt Abfall herum, da gibt es keine streunenden Hunde und keine Bettler. Busse und Züge fahren pünktlich ab, Post und Telefon funktionieren, die Läden quellen über von guten Sachen. Die Schweiz schien die Antwort zu sein auf meine Träume vom modernen Leben.

Sprachlosigkeit und Heimweh

Doch lang nicht alles entsprach dem Traumbild. Mein erstes Problem war die Sprache. Die Bücher, die ich in den Philippinen über die Schweiz gelesen hatte, maßen der Sprachsituation kein besonderes Gewicht zu. Ich hatte ohne weiteres angenommen, daß ich mit Englisch durchkommen würde. Aber dem war nicht so. Alles war unverständlich, die Zeitungen, das Radio, das Fernsehen, die Fahrpläne der Züge. Einkaufen wurde zum Alptraum. Ich konnte die Angaben auf Produkten nicht entziffern, und ich fürchtete mich, meine Wünsche einer ebenso eingeschüchterten Verkäuferin zu erklären. Wenn ich mit jemandem Englisch reden konnte, war ich glücklich. Als ich erkannte, daß ich mit jedem Tag isolierter war, beschloß ich, so schnell wie möglich Deutsch zu lernen.

Mein Heimweh war ein anderes großes Problem. Ich vermißte die Sicherheit, die mir meine Familie gab, ich vermißte meine Freunde und meine Kollegen. Das Sprichwort, daß es nirgends so gut ist wie zu Hause (»there ist no place like home«) versteht jede Filipina sofort.

Alle Filipinas, die in die Schweiz kommen, um zu heiraten oder zu arbeiten, haben Adressen und Telefonnummern von Bekannten und Verwandten bei sich, die bereits hier leben. Ich war keine Ausnahme. Da ich unter schrecklichem Heimweh litt, rief ich schon in den ersten Tagen meines Aufenthaltes in der Schweiz Ana an, die Freundin einer Freundin in den Philippinen, die ein Jahr zuvor ihren Brieffreund geheiratet hatte.

Mein Besuch bei Ana war ernüchternd. Die meisten Filipinas haben eine Hollywoodvorstellung von einem Schweizer Heim: Dieses besteht aus einem Einfamilienhaus mit gepflegtem Garten, Auto und einer Küche, die mit allen möglichen elektrischen Geräten ausgestattet ist. Anas Wohnung entsprach diesem Idealbild in keiner Weise. Sie und ihr Mann lebten in einem Einzimmerstudio, ein riesiges Bett nahm den größten Platz in Anspruch. Die Küche befand sich in einer Ecke.

Ana war mager geworden, nur noch Haut und Knochen. Sie schob es auf ihr Heimweh. Ihr Mann sprach kein Englisch, sie kein Deutsch, es war eine stumme Beziehung; wenn sie einander etwas mitteilen wollten, benutzten sie ein Wörterbuch. Die Einzimmerwohnung sah aus wie ein Klassenzimmer: Überall waren Zettel mit Wörtern befestigt, am Bett zum Beispiel hing einer, auf dem stand »das Bett/bed«. Kochen war ein anderes Rätsel für Ana. Uncle Bens Reis wurde nicht weich, solange sie ihn auch kochte, das Brot war hart und am Rand verbrannt. Eine der bevorzugten Freizeitbeschäftigungen der Filipinas ist der Schaufensterbummel. Ana zeigte mir die Zürcher Bahnhofstraße und all die herrlichen Dinge, die sie sich kaufen würde, wenn sie genug Geld hätte. Sie hatte überhaupt kein Geld, ihr Mann gab ihr keines.

Asiatinnen sind käuflich

Am Anfang fing ich mit allen möglichen Leuten ein Gespräch an, ich wollte meine Deutschkenntnisse ausprobieren und aus meiner Isolation herauskommen. Diese Spontaneität habe ich bald aufgegeben, als ich erkannte, daß meine Offenheit Fremden gegenüber eine unerwartete Reaktion hervorrief: Die meisten Leute, denen ich zulächelte, oder die ich ansprach, besonders die Männer, dachten, ich sei eine Prostituierte. Immer wieder wurde ich nach meinem Tarif gefragt. Versuchte ich den Irrtum richtigzustellen, so glaubte man mir nicht, und ich wurde noch mehr bedrängt, da die Männer annahmen, ich würde auf diese Weise den Preis in die Höhe schrauben.

Schließlich merkte ich, daß es für die meisten Schweizer

nur zwei Sorten Asiatinnen gibt: Thailänderinnen als Go-go-Girls und Prostituierte, Filipinas als gekaufte Ehefrauen. Da die Schweizer eine Thailänderin von einer Filipina nicht zu unterscheiden vermögen, versuchen sie mit jeder Asiatin, die sie sehen, anzubändeln. Der unerwünschten Avancen müde, paßte ich mein Verhalten schließlich dem der Schweizer an: Ich wurde kühl und abweisend. Im Zug setze ich mich jetzt auch in ein möglichst leeres Abteil und verstecke mein Gesicht hinter einer Zeitung.

Bevor ich in die Schweiz kam, hatte ich nie einen Terminkalender besessen. Dieses schmale Büchlein spielt im Leben der Schweizer eine ganz große Rolle. Beim Coiffeur muß ich mich mit der Agenda in der Hand anmelden; bevor ich meine Freundin besuche, schreibe ich unser Rendezvous in das magische Büchlein; sogar wenn ich zum Arzt gehen möchte, muß ich eine Abmachung treffen. Das kam mir am Anfang seltsam vor: Wieso kann ich ihn erst nächste Woche sehen, wenn ich heute Kopfweh habe?

Frauen als Mobilar

Von Heiratsvermittlungsagenturen und den Problemen, die sich aus arrangierten Ehen ergaben, hörte ich erst, als ich in der Schweiz war und anfing, für »Brennpunkt Welt« zu arbeiten. Zu Hause in den Philippinen galten Ehen mit ausländischen Brieffreunden als ein Segen für die betreffenden Familien. Alle mir bekannten Filipinas, die ins Ausland heirateten, versprachen ihren Angehörigen finanzielle Unterstützung. Daß sie von den Agenturen wie ein Haushaltsmobilar angeboten und verkauft werden, ist den wenigsten bewußt. Und die, die es wußten, sprachen nicht darüber. Es ist ein ungeschriebenes Gesetz unter uns Filipinas, daß der Ausdruck »Brieffreund« (»penpal«) seine ursprüngliche Bedeutung besitzt.

Ich glaube, in jeder schweizerischen Kleinstadt lebt wenigstens eine Filipina. Der erste Kontakt ergibt sich meistens spontan. Man erkennt sie leicht: Jede Filipina beantwortet ein Lächeln mit einem Lächeln, besonders wenn es von einer anderen Asiatin kommt. Viele Filipinas habe ich durch ein Lächen kennengelernt. Durch diese Kontakte habe ich wieder andere getroffen, und sie haben mir ein Bild von der Schweiz vermittelt, das in keinem Buch steht.

Einsamkeit, Isolation, Leere, Gewalt

Die meisten fühlen sich einsam hier. Nach getaner Hausarbeit wird das Leben langweilig und monoton. Selbst wenn wir die Sprache beherrschen lernen, gibt es Dinge, die sich nie ändern. Kontakte mit Nachbarn beispielsweise bleiben jahrelang kühl und unverbindlich, sie bleiben beim »Sie«, auch wenn man sich regelmäßig im Treppenhaus trifft und in der Waschküche miteinander redet. Einladungen unter Freunden zum Essen sind selten, sie hängen von der Agenda ab. Die Welt rund um uns kommt oft nur durch den Fernsehschirm oder das Radio zu uns. Mit der Zeit drückt dieses Gefühl der Leere immer stärker auf uns; wir sind keine Schweizerinnen, aber auch keine richtigen Filipinas mehr. Und wir fragen uns: Wer bin ich eigentlich? Was tue ich hier? Ist das alles?

Unsere Ehemänner sind immer bei der Arbeit und immer unter Streß. Damit beschäftigt, das Geld für all die Dinge zu verdienen, die die Familie angeblich braucht, haben sie keine Zeit für unsere Probleme und halten sie für unwesentlich. Viele Ehemänner von Filipinas, mit denen ich gesprochen habe, haben mich gefragt, warum in aller Welt ihre Ehefrauen unglücklich sind, wenn sie doch genug zu essen haben und sich kaufen können, was sie wollen. Sie haben kein Gefühl für unsere Schwierigkeiten und geben uns nicht, was wir am meisten brauchen: Verständnis und Sympathie. Viele Filipinas haben mir bestätigt, daß es in ihren Ehen keinen Austausch, keine persönlichen Gespräche, keine seelische Gemeinsamkeit gibt. Wenn die Männer nach Hause kommen, wollen sie ihre Ruhe haben. Sie ziehen die Zeitung oder das Fernsehen einem Gespräch mit ihrer Frau vor. Ihre Ehemänner, so haben mir viele gesagt, seien wie die anderen, fremden Männer in der Schweiz, kühl, korrekt, reserviert und immer unter Streß.

Manche Filipinas wollen sich nicht geschlagen geben, sie versuchen das Gefühl der Leere zu überwinden, indem sie sich zusammentun. Sie teilen ihre Sorgen und schöpfen Kraft aus dem Wissen, daß sie nicht allein sind in ihrer Lage. Leider sehen viele Schweizer Männer die Kontakte ihrer philippinischen Frauen mit anderen Filipinas ungern. Sie befürchten, daß diese Zusammenkünfte ihre Frauen daran hindern, gute Schweizer Hausfrauen zu werden. Männer mit solchen Ängsten sollten Schweizer Frauen heiraten!

Manche Schweizer genießen es, daß ihre Frauen von ihnen abhängig sind. Wenn ihre Frauen anfangen, die Welt jenseits der vier Wände ihrer Wohnung zu entdecken, geraten die Männer in Panik; sie haben Filipinas geheiratet, damit sie in ihrem Haus Herr und Meister bleiben. Nicht alle Schweizer Ehemänner sind zärtlich, warm und treubesorgt. Es gibt unter ihnen solche, die mit Gewalt Macht ausüben über ihre Frauen, sie zu Sündenböcken machen für alles, was schiefläuft. Es gibt nicht wenige Filipinas, die mit gequetschten Rippen, mit gebrochenen Nasen und mit blauen Augen Dauerkunden sind von Notfallstationen.

Für mich war es nicht einfach, an die Probleme dieser unglücklichen Frauen heranzukommen. Die meisten verkriechen sich, legen einen regelrechten Panzer um sich, damit die Probleme nicht übermächtig werden. Selbst wenn die finanziellen Probleme Überhand nehmen, sehen sie zufrieden aus. Nur jene, deren Vertrauen ich wirklich gewinne, erzählen mir von ihren Sorgen und von ihren Enttäuschungen. In einigen Fällen habe ich versucht, zwischen ihnen und ihren Männern zu vermitteln. Diese Begegnungen waren nicht immer angenehm für mich; manchmal endeten sie, indem wir einander anschrien. Es gab sogar Männer, die ihren Frauen verboten, mit mir zu reden. Sie denken, ich übe einen schlechten Einfluß auf sie aus.

Durch meine Arbeit beim *Dritte-Welt-Fraueninformations-Zentrum (FIZ)* in Zürich habe ich Frauen kennengelernt, die nicht mehr weiter wußten, und die schließlich eine Scheidung wollten. Es sind immer dieselben Probleme, die dazu führen: Einsamkeit und Isolation, Auseinandersetzungen um das

Geld, besonders um die finanzielle Unterstützung der Familie zu Hause, Leiden im Zusammenhang mit physischer und seelischer Gewalt. Für diejenigen, die sich scheiden lassen wollen – es ist leider eine Mehrheit – ist die Scheidung die letzte Lösung und der einzige Weg um zu überleben.

Unterschiedliche Erwartungen an die Ehe

Ehen zwischen Schweizer Männern und asiatischen Frauen nehmen regelmäßig zu. Die Mehrheit der Frauen stammt aus den Philippinen und aus Thailand. 1983 waren es 355 Frauen, 1984 stieg die Zahl auf 385 und 1985 auf 417 Ehen, die zwischen Schweizer Männern und asiatischen Frauen abgeschlossen wurden. Die meisten dieser Ehen enden schlecht, weil die Filipina ihren Mann, seine Erziehung und seine Familie überhaupt nicht kennt, während der Mann seinerseits nur einen oberflächlichen Eindruck hat vom Heimatland seiner Braut, von ihrer Familie und von der ihm fremden Kultur. Mann und Frau stehen einander unsicher und fremd gegenüber. Weder hatten sie genügend Zeit, einander kennenzulernen und sich der Unterschiede zwischen ihnen bewußt zu werden, noch realisieren sie, wie schwerwiegend diese Unterschiede sind und wie sehr sie ihr gemeinsames Leben beeinflussen werden.

Die unterschiedlichen Erwartungen an die Ehe sind ein weiterer Grund, weshalb viele Ehen zwischen Schweizer Männern und asiatischen Frauen in die Brüche gehen. Eine Filipina erwartet, daß ihr Mann ihre Familie zu Hause finanziell unterstützt, was dieser oft ablehnt. Der Schweizer, der eine Filipina heiratet, erwartet, daß seine Frau vor allem eine perfekte Hausfrau sei, gehorsam, treu und häuslich, während die Filipina respektiert, geliebt und als Partnerin akzeptiert werden möchte, genau wie eine Europäerin.

Eine Frau, die ich hier kennengelernt habe, war mit einem Schweizer verheiratet worden, um das ihre für den Unterhalt ihrer neun jüngeren Geschwister beizutragen; der Vater verdient nicht genug, ihre Mutter war gestorben. Sie gab ohne weiteres zu, daß Liebe in diesem Arrangement für sie keine

Rolle gespielt habe. Ihr Mann schlägt sie regelmäßig, schon zweimal wurde sie mit gebrochenen Rippen ins Spital eingewiesen. Sie überlebt um ihrer Geschwister willen, indem sie sich zurückzieht und sich ganz ruhig verhält, wenn ihr Mann in Rage gerät. Einer anderen Filipina, die mir ihre Sorgen anvertraute, war bei der Ehevermittlung verschwiegen worden, daß ihr zukünftiger Ehemann Witwer mit fünf kleinen Kindern war, und daß er in erster Linie einen billigen Babysitter suchte.

Das Leben in der Schweiz ist für uns Filipinas nicht einfach, besonders für diejenigen nicht, die sich hier verheiratet haben. Zu den Schwierigkeiten, von denen die Rede war, kommen der lange, kalte Winter und das für uns sehr ungewohnte Essen. Das Schlimmste aber ist, daß wir den Eindruck haben, einfach nie »dazuzugehören«. Wie sehr wir uns auch anstrengen, uns schweizerische Art und Eigenart anzueignen, mit Schweizern zusammen zu sein und sie zu verstehen – wir bleiben Fremde.

Ich kann die Filipinas nicht daran hindern, in die Schweiz zu kommen. Solange die wirtschaftliche Situation in meinem Land sich nicht verbessert, wird die Emigration in die reichen Industrieländer anhalten. Zwei Wünsche oder Hoffnungen habe ich in dieser Beziehung: daß jene, die kommen wollen, wissen, in was sie sich einlassen, was für ein Leben sie hier erwartet und daß jene, die bereits hier sind, den Mut finden, zu sagen, was sie erwarten und brauchen, als Frau, als Gattin und als Mutter – bevor es zu spät ist.

Unterdrückung durch die Spanier – Fragwürdige Verwestlichung durch die Amerikaner

In der philippinischen Genesis entsprangen der erste Mann und die erste Frau, Malakas und Maganda, gleichzeitig und als gleichwertige Menschen einem Bambusrohr. Die philippinischen Frauen sind keinen Traditionen unterworfen, unter denen Frauen in anderen asiatischen Ländern zu leiden haben, »Suttee«, das Verbrennen der Witwen mit ihren toten Ehemännern, wie es in Indien üblich war, ist in den Philippinen unbekannt, ebenso der Brautkauf wie in Indien und in Bangladesh, der die Frauen erniedrigt und ganze Familien ruiniert. Filipinas mußten weder ihre Füße einbinden wie die Chinesinnen noch einen »Chadoor« tragen wie ihre Schwestern im Iran. Den Filipinas geht es in dieser Beziehung besser als anderen Asiatinnen, dennoch sind sie weit davon entfernt, den Männern wirklich gleichgestellt zu sein. Die Geschichte und die daraus entstandenen Traditionen haben die ursprüngliche Gleichberechtigung, wie sie in den primitiven sozialen Gemeinschaften bestanden haben mag, längst zuungunsten der Frau verändert.

Während der Kolonisation durch die Spanier haben Männer und Frauen gemeinsam unter der Ausbeutung und der Erniedrigung durch die Kolonialherren gelitten. Für die Frauen hatte die Kolonialzeit allerdings schwerwiegendere Folgen, zum Beispiel durch die Christianisierung. Diese erfolgte größtenteils im 16. Jahrhundert, im Zug der spanischen Kolonisation. Da die Spanier das Kreuz zusammen mit dem Schwert brachten, ist es für uns nicht einfach, feudale von religiösen Elementen zu unterscheiden. Wie dem auch sei: In dieser Epoche wurde den Filipinos Gehorsam und Resignation als Tugenden eingeprägt; Widerstand galt als Sünde. Mit dem Christentum entstand auch der Glaube, wonach das Europäische besser und »Weiß« schöner ist und der König von Gottes Gnaden eingesetzt wird. Umgangsformen, Regeln und Gesetze der Kolonialherren dienten der Kontrolle der Kolonisierten – im Namen der Religion. Den Frauen wurde zu alledem eingehämmert, sie seien körperlich schwach und intellektuell den Männern unterlegen.

Die Mädchen wurden dazu erzogen, dem Vater und dem Priester der Gemeinde zu gehorchen, die Augen stets züchtig niederzuschlagen, täglich den Rosenkranz zu beten, »rein« zu bleiben und keine Gefühle zu zeigen. In der Schule sollten sie nur gerade soviel lesen und schreiben lernen, um die Bibel zu verstehen und um ihren Namen unter irgendwelche Dokumente zu setzen, aber nicht genug, um selbständig mit den Behörden verhandeln zu können. Unsere Mädchen lernten stikken und sich mit der Hoffnung auf die Freuden der Gerechten im Himmel zu begnügen. Für die philippinische Frau gab es in der spanischen Kolonialzeit nur drei mögliche Wege: Sie konnte heiraten, ins Kloster gehen, oder als alte Jungfer verkümmern. Das Gesetz behandelte die Frauen gleich wie die Kinder und die Unbedarften, denn sie konnten weder ihr Heim verlassen ohne die Zustimmung der Eltern, solange sie nicht verheiratet waren, noch Verträge abschließen ohne Zustimmung des Ehemannes, wenn sie verheiratet waren.

Bis heute gelten Haus und Küche als Domäne der Frau. Vorbild sind die »Maria Claras« der oberen Gesellschaftsschichten, gehorsame Gattinnen, die von ihren Männern auf Parties und bei Festivitäten der Kirche vorgezeigt werden, geschmückt und herausgeputzt. Frauen gelten als Besitz des Mannes, wie sein Land oder sein Haus, sind ein Beweis seines Wohlstandes.

Noch unsere Mütter lehrten uns Kinder – so wie sie von ihren Müttern gelehrt worden waren –, daß der Platz der Frau in ihrem Heim und daß ihr höchstes Glück der Erfolg ihrer Kinder ist. Frauen müssen ruhig und besonnen bleiben, wenn ihre Männer in Zorn geraten, sie wissen, daß sie in schwierigen Zeiten das Licht und die Hoffnung der Familie sind. Das ist der Grund, weshalb viele Filipinas lächeln, auch wenn für sie alles drunter und drüber geht.

Die Gesellschaft erwartet von der Ehefrau, daß sie die Ehe aufrecht erhält und für Harmonie in der Familie sorgt; deshalb muß sie alle Schwierigkeiten, die sich aus den ungleichen und patriarchalischen Beziehungen zwischen Mann und Frau in den Philippinen ergeben, ohne Aufbegehren ertragen.

Den Kindern wird von klein auf eine unbedingte Dankbarkeit (»Utang na loob«) den Eltern und den Vorfahren gegenüber anerzogen. Die Verantwortung endet nicht mit der Heirat, im Gegenteil: Töchter müssen zum Unterhalt der Familie beitragen, besonders die ältesten Töchter sind für ihre Geschwister verantwortlich und schließlich für das Wohlergehen der ganzen Familie. Von Töchtern, die ins Ausland heiraten, wird erwartet, daß sie sich stets ihrer Herkunft erinnern und daß sie die ihren nie vergessen.

Die amerikanische Kolonisation brachte die »public

school« als Instrument der Verwestlichung in die Philippinen. Frauen hatten nun grundsätzlich die gleichen Chancen wie die Männer, und einigen ist es auch gelungen, in berufliche Domänen einzudringen, die bisher Männern vorbehalten waren. Allein es sind vor allem Frauen der Oberschicht, die sich ein solches Leben leisten können, und ihre neue »Freiheit« hängt wiederum davon ab, daß andere Frauen deren Hausarbeit verrichten. Das Gros der Frauen wurde auch im neuen Schulsystem auf ihre Rolle als Hausfrau vorbereitet oder auf jene Berufe, die von einer männlich beherrschten Gesellschaft als im Einklang mit sogenannten weiblichen Tugenden betrachtet werden.

Die heutige Diskriminierung der Frauen

Die wirkliche Stellung der Frauen in den Philippinen ergibt sich zum Teil aus dem geltenden Recht, noch besser aber läßt sie sich in der Situation der Frauen in der Lohnarbeit erkennen. Das Recht bestätigt auf manche Art die traditionelle Stellung des Mannes als Oberhaupt der Familie und als Geldverdiener, der Frau als Hausfrau und Mutter. Die verheiratete Frau wird dem Mann gegenüber diskriminiert: weder kann sie ihren Beruf ausüben, wenn der Mann dagegen ist, noch kann sie allein Geschäfte tätigen. Ein Ehebruch der Frau genügt, daß der Mann die Scheidung eingeben kann, während die Frau ihren Mann des Konkubinats überführen muß, um sich von ihm trennen zu können.

Obwohl Frauen gut ein Drittel der Arbeiter und Angestellten ausmachen, wird die Arbeit der Frau in den Philippinen als nebensächlich, entbehrlich und vorübergehend eingestuft. Obwohl ein Drittel aller verheirateten Arbeiterinnen in Metro-Manila arbeitslose Ehemänner haben, wird das Einkommen der Frauen noch immer nur als Nebenverdienst zum Einkommen der Männer betrachtet. Obwohl viele Frauen als Oberhaupt der Familie wirken, kommen sie bei Entlassungen immer zuerst dran. Männer verdienen wenigstens anderthalb mal mehr als Frauen für dieselbe Arbeit. Die Gesellschaft unterscheidet weiterhin zwischen »männlichen« und »weiblichen« Berufen, und die letzteren gehören fast ausnahmslos zu den schlechter bezahlten. Frauen dürfen in jenen Berufen tätig sein, die quasi einer Ausweitung ihrer ursprünglichen Rolle als Frau und Mutter entsprechen, im sozialen Bereich und im Bereich der Erziehung, sowie in jenen Berufen, in denen sie eine untergeordnete oder eine dekorative Rolle innehaben. Dazu gehören die Sekretärinnen, die Frauen in der Kirche und die verschiedenen Sorten von Empfangsdamen.

Laut Statistiken sind 30 Prozent der in Städten wohnhaften Frauen »im Handel« tätig. Ein irreführender Ausdruck: Die weitaus größte Zahl der Frauen »im Handel« sind solche, die auf Märkten oder in den Straßen Nahrungsmittel und billige Waren feilhalten und Besitzerinnen von kleinen Läden. Ihre Arbeit erfordert keinerlei Ausbildung, sie ist unregelmäßig, bringt wenig ein und unterliegt einer scharfen Konkurrenz. Frauen auf dem Land haben schon immer neben der Hausarbeit mit ihren Männern zusammen auf dem Feld gearbeitet. Ihr Leben war und ist gezeichnet von harter Arbeit, von Armut, von wirtschaftlicher und kultureller Stagnation.

Ausbeutung in der Industrie

Bevölkerungswachstum, Armut, Industrialisierung und die Verbreitung der Technologie in der Landwirtschaft sind die wichtigsten Gründe der Emigration vieler Frauen vom Land in die Stadt. Diese Frauen, die ohne Ausbildung und ohne Erfahrung Arbeit suchen, machen zusammen mit den jungen Frauen der städtischen unteren Mittelklasse jenes Reservoir billiger Arbeitskräfte aus, das multinationale Unternehmen ausbeuten, indem sie die arbeitsintensiven Abteilungen ihrer Firmen in die Philippinen verlegten. Unternehmer der Elektronikbranche und der Bekleidungsindustrie beschäftigen bis zu 90 Prozent weibliche Arbeiterinnen. Da die meisten Filipinas nur die Wahl haben zwischen unbezahlter Arbeit zu Hause und der Fabrikarbeit, ist es für die ausländischen Unternehmen leicht, Arbeiterinnen zu finden, die die schlechten Löhne akzeptieren.

Der Lohn einer Krankenschwester beträgt ca. 200 Franken

im Monat, eine Arbeiterin in einer Fabrik der Freihandelszone verdient vier bis sechs Franken am Tag. Dieser Tag umfaßt oft zwölf bis vierzehn Arbeitsstunden. Die Arbeit in den Elektronikunternehmen besteht aus dem Zusammenfügen von Chips unter dem Mikroskop. Wenn eine Arbeiterin nicht mindestens fünfhundert schafft, verdient sie weniger als vier Franken. Die Frauen arbeiten in Räumen, die auf zehn Grad gekühlt worden sind. Fünfzehn Minuten dürfen sie fürs Mittagessen brauchen, zwei Minuten steht ihnen für die Toilette zu. Von ihrem mageren Lohn gehen die Kosten für Essen und Unterkunft ab, ferner das Fahrgeld. Die Lebenskosten in den Philippinen sind hoch, für ein Kilogramm Schweinefleisch muß eine Frau zwei Tage arbeiten, für ein Kilogramm Trokkenfisch einen Tag. Die Lasten der Arbeitslosigkeit ihrer Männer tragen Frauen oft allein.

Vicky, eine 19jährige Bekannte, arbeitet in einer Kleiderfabrik in der Zollfreizone von Mariveles, Bataan, wo für den Export produziert wird. Ihre Arbeitszeit beträgt 16 Stunden am Tag, sieben Tage pro Woche, ohne freie Tage. Im ganzen arbeiten 372 Frauen in dieser Fabrik. Jeden Abend müssen insgesamt 9000 Blusen fertig sein, das macht im Durchschnitt 27 Blusen pro Arbeiterin am Tag. Es kommt oft vor, daß die Belegschaft bis zu 36 Stunden arbeitet, um die vorgeschriebene Zahl zu erreichen.

Das Leben von Vicky und ihren Kolleginnen ist ein freudloser Ablauf von Tagen, die sich alle gleichen: Die Frauen stehen in der Dämmerung auf, eilen zur Arbeit, verbringen viele Stunden über den Stoff gebeugt, gehen nach Hause, wenn es schon dunkel ist; sie sind immer übermüdet, kraftlos, hoffnungslos. Und das Schlimmste ist, daß das, was sie verdienen, kaum zu ihrem Lebensunterhalt reicht. Vicky verdient 29 Pesos am Tag. Davon gibt sie 10 Pesos für den Bus aus, 15 für das Essen und etwas braucht sie, um die Wäsche zu bezahlen, da sie keine Zeit für Hausarbeiten hat. Vickys größter Traum ist eine Hühnerfarm, die sie zusammen mit ihrer Familie auf dem Land, wo sie herkommt, betreiben möchte. Mit dem, was sie in der Kleiderfabrik verdient, wird die Hühnerfarm ein Traum bleiben.

Wie viele andere Länder der Dritten Welt haben die Philippinen auf den Tourismus gesetzt als Möglichkeit zur wirtschaftlichen Entwicklung. Die meisten Filipinos bewundern die glänzenden Fassaden der Fünf-Sterne-Hotels, die märchenhaft schönen Anlagen, die für die Touristen gebaut wurden und die Touristen selbst mit ihrem vielen Geld. Heute steht der Tourismus an fünfter Stelle unter den Devisenbringern, aber was hat er dem Volk gebracht?

Die Frauen und Männer, die in den Hotels arbeiten, sehen nur das bequeme, angenehme, sorgenfreie Leben der Touristen, die für eine Übernachtung mehr ausgeben, als die meisten Einheimischen im Monat verdienen. Sie werden unzufrieden mit ihrem Leben, möchten auch einmal so sein wie die Fremden. Viele biedern sich an, hoffen auf eine Beziehung zu den Touristen, und die Frauen, insgeheim, auf eine Heirat.

Der weitaus negativste Aspekt des Tourismus ist die Massenprostitution, an deren Entstehung und an deren Ausbreitung die Touristen neben den amerikanischen Soldaten einen wichtigen Anteil haben. Weit über 100000 Frauen sowie Kinder, Buben und Mädchen, verdienen in Manila ihr Leben in der Prostitution mit Ausländern. Die Prostitution ist leider der Sektor im Tourismus, der am meisten Arbeitsplätze geschaffen hat. Es ist nur allzu bekannt, daß die Frauen in der Vergnügungsindustrie mehr, oft viel mehr verdienen als ihre Schwestern in den Fabriken.

Die Filipinos werden nicht nur wirtschaftlich ausgebeutet, sie sind auch Opfer kultureller Manipulation. Die einheimische Elite und die Westmächte geben sich alle Mühe, Denken und Planen der Filipinos zu beeinflussen. Westlicher Lebensstil, das vorherrschende Modell in der philippinischen Gesellschaft, verführt die Menschen dazu, ihre Hoffnungen auf ein Leben nach westlicher Art zu setzen, verführt sie aber auch zu kolonialem Denken, zu Landflucht und Emigration. Zu den Mitteln dieser Verführung gehört vor allem die Werbung, die überall gegenwärtig ist. Der unüberwindliche Graben zwischen den wenigen Reichen und den vielen Armen bedeutet, daß nur die Allerwenigsten ihre Vorstellungen von einem Leben mit westlichem Komfort und Luxus realisieren können. Den übrigen bleibt der Traum von der Flucht in ein westliches Industrieland, wo die Produkte des Wohlstandes wenigstens unter einer breiteren Bevölkerungsschicht verteilt sind. Illusorische Träume, wie die Erfahrungen vieler Filipinas in der Schweiz zeigen!

Übersetzung: Regula Renschler

FRAGILE

TEIL V

Die Abschaffung des Frauenhandels ist möglich

Schritte zur Veränderung

REGULA RENSCHLER

Die Abschaffung des Frauenhandels ist genauso möglich wie die Abschaffung der Sklaverei. Unsere Erfahrungen mit dem Thema zeigen, daß unser Bemühen nicht hoffnungslos ist, daß strukturelle Interventionen möglich sind. Dabei hilft uns natürlich das Interesse, das allgemein dem Bereich »Sex and Crime« entgegengebracht wird. Immerhin ist es all jenen, die in der Dritten Welt und in Europa das Thema aufgegriffen haben, gelungen, auch die Hintergründe des Frauenhandels zu zeigen und ein größeres Interesse für die Lage der Frauen in der Dritten Welt zu wecken.

Im April 1983 hatten sich Frauen aus 24 Ländern getroffen, um ein weltweites Netz gegen die sexuelle Sklaverei von Frauen (»Female Sexual Slavery«) aufzubauen und Aktionen gegen Frauenhandel zu planen. Zwei Jahre später, am informellen »Forum« der UNO-Frauenkonferenz in Nairobi, ist dieses Netzwerk um viele Gruppen, vor allem aus der Dritten Welt, erweitert worden. Der Arbeit der Basisgruppen und der internationalen Zusammenarbeit ist es zu verdanken, daß auch auf der Ebene der Regierungen etwas in Bewegung geraten ist. In verschiedenen Parlamenten wurde interveniert, unter anderem in den Philippinen, in Thailand, in Japan, in Kenya, in Peru, in der Bundesrepublik Deutschland, in der Schweiz. Auch der Europarat und verschiedene internationale Organisationen befaßten sich mit Gewalt gegen Frauen, mit Zwangsprostitution und Menschenhandel.

Die UNO hat das Thema aufgegriffen und 1982 eine Kommission unter dem Vorsitz von Jean Fernand-Laurent mit der Ausarbeitung eines Berichts beauftragt. In diesem Bericht, der 1983 dem UNO-Wirtschafts- und Sozialrat vorgelegt wurde, heißt es in den Schlußfolgerungen: »Der Kampf gegen den Menschenhandel ist genauso nötig wie der Kampf gegen den Drogenhandel und der Kampf gegen den Rassismus. Die internationale Gemeinschaft muß ihn mit der gleichen Hartnäckigkeit und dem gleichen Aufwand wahrnehmen.« Die UNO-Frauenkonferenzen, die 1980 in Kopenhagen und 1985 in Nairobi stattfanden, haben mit großer Dringlichkeit auf das Problem des internationalen Frauenhandels hingewiesen. Die Jahresversammlung der *Internationalen Föderation der*

Abolitionisten, die 1984 in Wien tagte und an der viele Vertreter und Gäste aus Drittwelt-Ländern teilnahmen, verabschiedete einen langen Katalog von Forderungen. Der »All African Council of Churches« veranstaltete 1986 eine Konsultation zu diesem Thema in Mombasa, Kenya. Der Weltkirchenrat in Genf und die »Ecumenical Coalition on Third World Tourism« in Bangkok unterstützen Maßnahmen, die den Handel mit Frauen und Kindern unterbinden. Gegen diese moderne Sklaverei ist in den letzten zehn Jahren weltweit Aufmerksamkeit und Bewußtsein geweckt worden. Werden jetzt konkrete Schritte folgen?

Die Forderungen, die allenthalben erhoben werden, umfassen bewußtseinsbildende, gesetzgeberische und politische Maßnahmen. Dazu gehören:

- Denunziation von allen Formen des Kinder- und Frauenhandels und Kampagnen gegen ihn. Behörden, Parlamente und die Gesellschaft als Ganzes müssen aktiv werden und einen politischen Willen entwickeln, das Problem zu lösen.
- Schnellste Befreiung von Kindern aus sexueller Sklaverei und Not. Ihnen und den Frauen, die aussteigen wollen, muß so geholfen werden, daß ein neuer Start im Leben für sie möglich ist und sinnvoll erscheint.
- Dort, wo es Gesetze gibt, muß ihnen Nachachtung verschafft werden. Die Profiteure des Handels mit Frauen und Kindern müssen viel strenger als bisher bestraft und die Beweislage muß vereinfacht werden. Neue Maßnahmen sollen sich in erster Linie gegen die Zwischenhändler und die Profiteure wenden, und es sollen genauso strenge Kontrollen angewendet werden wie im übrigen Bereich des organisierten Verbrechens. Die Maßnahmen dürfen sich nicht gegen die Frauen wenden, die bereits in der Sexindustrie arbeiten, auch nicht in indirekter Form. Wo gesetzliche Maßnahmen nicht oder nur beschränkt möglich sind – zum Beispiel im Tourismus oder in der Heiratsvermittlung – ist ein »Code of Ethics« denkbar, den einzuhalten sich die betreffenden Firmen und Organisationen verpflichten.
- Durchsetzen von Arbeits- und Lebensbedingungen für Frauen in der Unterhaltungsindustrie, die ihre seelische

und körperliche Gesundheit nicht schädigen. In Europa sollen Frauen aus der Dritten Welt auch andere Arbeiten annehmen können als jene in der Unterhaltungsindustrie.
- Unterzeichnung der UNO-Konvention von 1949 gegen Menschenhandel und Prostitution durch jene Staaten, die dies noch nicht getan haben, zum Beispiel die Bundesrepublik Deutschland und die Schweiz. Der Einhaltung dieser Konvention muß weltweit durch die UNO selbst stärkere Beachtung geschenkt werden.

Es ist uns bewußt, daß wir mit Gesetzen keine Verhaltensänderung bewirken. Aber nur, wenn es entsprechende Gesetze gibt, können die Verbrechen des Frauenhandels eingeklagt und bestraft werden. Zudem haben Gesetze Signalwirkung, und sie demonstrieren den politischen Willen von Regierungen. Regierungen und Parlamente indessen wechseln, sie wenden sich schnell neuen Prioritäten zu. Gesetze werden mißbraucht oder zum eigenen Nutzen interpretiert. Auch die Gerichte sind nicht immer ein Schutz für die Frauen, die im Sexbusineß mißbraucht werden; das haben die wenigen Fälle in der Schweiz bewiesen, die vor Gericht gelangten.

Unerläßlich bleibt deshalb auf lange Zeit die
- Bewußtseinsbildung im Hinblick auf ein neues Verhältnis zwischen Männern und Frauen und im Hinblick auf neue Werte (»Values«) in der Gesellschaft. Dabei ist das Beispiel der Erwachsenen die beste Erziehung für die Kinder.

Wichtig ist deshalb auch
- eine stärkere Beachtung und Förderung von Frauen im Rahmen der Entwicklungspolitik. Und zwar sollen Frauen nicht einfach vermehrt in die Produktions- und Verhaltensweisen der Männer einbezogen werden, sondern die Eigenart der Frauen soll gefördert werden, ihre eigene Art zu produzieren, ihre eigene Art, mit der Umwelt umzugehen und ihre eigene Art, sich in der Gesellschaft zu bewegen. Dies wiederum ist nur möglich, wenn in den Hilfswerken und in den Abteilungen der staatlichen Entwicklungszusammenarbeit Frauen viel stärker als bisher mitbestimmen.

Voraussetzung für den Abbau und die Verhinderung des Frauenhandels sind genaue Kenntnisse, wie und warum er funktioniert. Wir wissen noch viel zu wenig darüber. Unbedingt notwendig sind deshalb die

– Anregung und die Förderung von Untersuchungen über Prostitution und Frauenhandel in den betroffenen Ländern und Regionen. Männer müssen in diese Untersuchungen viel mehr als bisher einbezogen werden, sowohl als Autoren wie als Zielgruppen der Untersuchungen. Gewisse Recherchen – zum Beispiel über den Sextourismus der Männer – können nur von Männern selbst gemacht werden.

Schritte zur Veränderung – hin zu einer Gesellschaft, in der die Menschen nicht mit Liebe, sondern aus Liebe handeln; einer Gesellschaft, in der Liebe nicht eine Ware ist, sondern in der wir sie wahren als einen unveräußerlichen Schatz.

Anhang

Kompendium der wichtigsten Rechtsvorschriften gegen Menschenhandel, Prostitution und unseriöse Heiratsvermittlung der Bundesrepublik Deutschland

Strafrecht (StGB)

§ 180 Förderung sexueller Handlungen Minderjähriger

(1) Wer sexuellen Handlungen einer Person unter sechzehn Jahren an oder vor einem Dritten oder sexuellen Handlungen eines Dritten an einer Person unter sechzehn Jahren
1. durch seine Vermittlung oder
2. durch Gewährungen oder Verschaffen von Gelegenheit
Vorschub leistet, wird mit Freiheitsstrafe bis zu drei Jahren oder mit Geldstrafe bestraft. Satz 1 Nr. 2 ist nicht anzuwenden, wenn der zur Sorge für die Person Berechtigte handelt; dies gilt nicht, wenn der Sorgeberechtigte durch das Vorschubleisten seine Erziehungspflicht gröblich verletzt

RIEN A DECLARER
NOTHING TO DECLARE

(2) Wer eine Person unter achtzehn Jahren bestimmt, sexuelle Handlungen gegen Entgelt an oder vor einem Dritten vorzunehmen oder von einem Dritten an sich vornehmen zu lassen, oder wer solchen Handlungen durch seine Vermittlung Vorschub leistet, wird mit Freiheitsstrafe bis zu fünf Jahren oder mit Geldstrafe bestraft.

(3) Wer eine Person unter achtzehn Jahren, die ihm zur Erziehung, zur Ausbildung oder zur Betreuung in der Lebensführung anvertraut oder im Rahmen eines Dienst- oder Arbeitsverhältnisses untergeordnet ist, unter Mißbrauch einer mit dem Erziehungs-, Ausbildungs-, Betreuungs-, Dienst- oder Arbeitsverhältnis verbundenen Abhängigkeit bestimmt, sexuelle Handlungen an oder vor einem Dritten vorzunehmen oder von einem Dritten an sich vornehmen zu lassen, wird mit Freiheitsstrafe bis zu fünf Jahren oder mit Geldstrafe bestraft.

(4) In den Fällen der Absätze 2 und 3 ist der Versuch strafbar.

§ 180a Förderung der Prostitution

(1) Wer gewerbsmäßig einen Betrieb unterhält oder leitet, in dem Personen der Prostitution nachgehen und in dem

1. diese in persönlicher oder wirtschaftlicher Abhängigkeit gehalten werden oder
2. die Prostitutionsausübung durch Maßnahmen gefördert wird, welche über das bloße Gewähren von Wohnung, Unterkunft oder Aufenthalt und die damit üblicherweise verbundenen Nebenleistungen hinausgehen,

wird mit Freiheitsstrafe bis zu drei Jahren oder mit Geldstrafe bestraft.

(2) Ebenso wird bestraft wer,

1. einer Person unter achtzehn Jahren zur Ausübung der Prostitution Wohnung, gewerbsmäßig Unterkunft oder gewerbsmäßig Aufenthalt gewährleistet oder
2. einen anderen, dem er zur Ausübung der Prostitution Wohnung gewährt, zur Prostitution anhält oder im Hinblick auf sie ausbeutet.

(5) Wer einen anderen gewerbsmäßig anwirbt, um ihn dazu zu bringen, daß er der Prostitution nachgeht, oder um ihn zur Prostitutionsausübung in einem fremden Land zu veranlassen, wird mit Freiheitsstrafe bis zu fünf Jahren oder mit Geldstrafe bestraft.

(4) Wer eine Person unter einundzwanzig Jahren der Prostitu-

tionsausübung zuführt oder auf sie einwirkt, um sie zur Aufnahme oder Fortsetzung der Prostitution zu bestimmen, wird mit Freiheitsstrafe von sechs Monaten bis zu zehn Jahren bestraft.
(3) In den Fällen der Absätze 3 und 4 ist der Versuch strafbar.

§ 181 Menschenhandel

Wer einen anderen
1. mit Gewalt, durch Drohung mit einem empfindlichen Übel oder durch List dazu bringt, daß er der Prostitution nachgeht, oder
2. anwirbt oder wider seinen Willen durch List, Drohung oder Gewalt entführt, um ihn unter Ausnutzung der Hilflosigkeit, die mit seinem Aufenthalt in einem fremden Land verbunden ist, zu sexuellen Handlungen zu bringen, die er an oder vor einem Dritten vornehmen oder von einem Dritten an sich vornehmen lassen soll,

wird mit Freiheitsstrafe von einem Jahr bis zu zehn Jahren, in minder schweren Fällen mit Freiheitsstrafe von drei Monaten bis zu fünf Jahren bestraft.

§ 181 a Zuhälterei

(1) Mit Freiheitsstrafe von sechs Monaten bis zu fünf Jahren wird bestraft, wer
1. einen anderen, der der Prostitution nachgeht, ausbeutet oder
2. seines Vermögensvorteils wegen einen anderen bei der Ausübung der Prostitution überwacht, Ort, Zeit, Ausmaß oder andere Umstände der Prostitutionsausübung bestimmt oder Maßnahmen trifft, die den anderen davon abhalten sollen, die Prostitution aufzugeben,

und im Hinblick darauf Beziehungen zu dem anderen unterhält, die über den Einzelfall hinausgehen.

(2) Mit Freiheitsstrafe bis zu drei Jahren oder mit Geldstrafe wird bestraft, wer gewerbsmäßig die Prostitutionsausübung eines anderen durch Vermittlung sexuellen Verkehrs fördert und im Hinblick darauf Beziehungen zu dem anderen unterhält, die über den Einzelfall hinausgehen.

(3) Nach den Absätzen 1 und 2 wird auch bestraft, wer die in Absatz 1 Nr. 1 und 2 genannten Handlungen oder die in Absatz 2 bezeichnete Förderung gegenüber seinem Ehegatten vornimmt.

§ 184 a Ausübung der verbotenen Prostitution

Wer einem durch Rechtsverordnung erlassenen Verbot, der Prostitution an bestimmten Orten überhaupt oder zu bestimmten Tageszeiten nachzugehen, beharrlich zuwiderhandelt, wird mit Freiheitsstrafe bis zu sechs Monaten oder mit Geldstrafe bis zu einhundertachtzig Tagessätzen bestraft.

§ 184 b Jugendgefährdende Prostitution

Wer der Prostitution
1. in der Nähe einer Schule oder anderen Örtlichkeit, die zum Besuch durch Personen unter achtzehn Jahren bestimmt ist, oder
2. in einem Haus, in dem Personen unter achtzehn Jahren wohnen, in einer Weise nachgeht, die diese Personen sittlich gefährdet, wird mit Freiheitsstrafe bis zu einem Jahr oder mit Geldstrafe bestraft.

Art. 297 (EGStGB). Verbot der Prostitution.

(1) [1]Die Landesregierung kann zum Schutze der Jugend oder des öffentlichen Anstandes
1. für das ganze Gebiet einer Gemeinde bis zu fünfzigtausend Einwohnern,
2. für Teile des Gebiets einer Gemeinde über zwanzigtausend Einwohner oder eines gemeindefreien Gebiets,
3. unabhängig von der Zahl der Einwohner für öffentliche Straßen, Wege, Plätze, Anlagen und für sonstige Orte, die von dort aus eingesehen werden können, im ganzen Gebiet oder in Teilen des Gebiets einer Gemeinde oder eines gemeindefreien Gebiets

durch Rechtsverordnung*** verbieten, der Prostitution nachzugehen. [2]Sie kann das Verbot nach Satz 1 Nr. 3 auch auf bestimmte Tageszeiten beschränken.

(2) Die Landesregierung kann diese Ermächtigung durch Rechtsverordnung*** auf eine oberste Landesbehörde oder höhere Verwaltungsbehörde übertragen.

(3) Wohnungsbeschränkungen auf bestimmte Straßen oder Häuserblocks zum Zwecke der Ausübung der Prostitution (Kasernierungen) sind verboten.

Ordnungswidrigkeitengesetz (OWiG)

§ 120 Verbotene Ausübung der Prostitution; Werbung für Prostitution

(1) Ordnungswidrig handelt, wer

1. einem durch Rechtsverordnung erlassenen Verbot, der Prostitution an bestimmten Orten überhaupt oder zu bestimmten Tageszeiten nachzugehen, zuwiderhandelt oder
2. durch Verbreiten von Schriften, Ton- oder Bildträgern, Abbildungen oder Darstellungen Gelegenheit zu entgeltlichen sexuellen Handlungen anbietet, ankündigt, anpreist oder Erklärungen solchen Inhalts bekanntgibt.

(2) Die Ordnungswidrigkeit kann mit einer Geldbuße geahndet werden.

Zivilrecht (BGB)

§ 656 (Heiratsvermittlung)

(1) Durch das Versprechen eines Lohnes für den Nachweis der Gelegenheit zur Eingehung einer Ehe oder für die Vermittlung des Zustandekommens einer Ehe wird eine Verbindlichkeit nicht gegründet. Das auf Grund des Versprechens Geleistete kann nicht deshalb zurückgefordert werden, weil eine Verbindlichkeit nicht bestanden hat.

(2) Diese Vorschriften gelten auch für eine Vereinbarung, durch die der andere Teil zum Zwecke der Erfüllung des Versprechens dem Mäkler gegenüber eine Verbindlichkeit eingeht, insbesondere für ein Schuldanerkenntnis.

Rechtliche Grundlagen zur Erwerbstätigkeit der Ausländer in der Schweiz, zur Heiratsvermittlung, zum Frauen- und Kinderhandel.

Bundesgesetz über Aufenthalt und Niederlassung der Ausländer

Art. 1

Der Ausländer ist zur Anwesenheit auf SchweizerBoden berechtigt, wenn er eine Aufenthalts-, Niederlassungs- oder Toleranzbewilligung besitzt, oder wenn er nach diesem Gesetz keiner solchen bedarf.

Art. 4

Die Behörde entscheidet, im Rahmen der gesetzlichen Vorschriften und der Verträge mit dem Ausland, nach freiem Ermessen über die Bewilligung von Aufenthalt, Niederlassung und Toleranz.

Verordnung über die Begrenzung und Zahl der Ausländer

Art. 9 Anstellungsbedingungen, Arbeitsvertrag

1. Bewilligungen dürfen nur erteilt werden, wenn der Arbeitgeber dem Ausländer dieselben orts- und berufsüblichen Lohn- und Arbeitsbedingungen bietet wie den Schweizern und der Ausländer angemessen gegen die wirtschaftlichen Folgen von Krankheit gesichert ist.

2. Die orts- und berufsüblichen Lohn- und Arbeitsbedingungen bestimmen sich nach den gesetzlichen Vorschriften, den Lohn- und Arbeitsbedingungen für die gleiche Arbeit im selben Betrieb und in derselben Branche sowie den Gesamt- und Normalarbeitsverträgen. Die Ergebnisse der jährlichen Lohn- und Gehaltserhebungen des Bundesamtes für Industrie, Gewerbe und Arbeit (BIGA) sind mit zu berücksichtigen.
3. Die Arbeitsmarktbehörde kann vom Arbeitgeber einen schriftlichen Arbeitsvertrag oder eine Vertragsofferte verlangen. Bei Gesuchen für Saisonniers und Kurzaufenthalter verlangt sie in der Regel diese Unterlagen.
4. Reist ein Ausländer erstmals zur Erwerbstätigkeit in die Schweiz ein, so muß der Arbeitgeber mit ihm schriftlich vereinbart haben, wer die Reisekosten trägt. In der Regel muß der Arbeitgeber die Kosten für die Einreise übernehmen.

Art. 11 Unterkunft

Eine Bewilligung wird nur erteilt, wenn der Ausländer eine angemessene Unterkunft hat, die den bau-, feuer- und gesundheitspolizeilichen Anforderungen genügt.

Art. 12 Festlegung (der Höchstzahlen für erwerbstätige Ausländer)

Der Bundesrat legt periodisch Höchstzahlen fest für:

a) Jahresaufenthalter, die erstmals zur Erwerbstätigkeit einreisen oder erstmals eine Erwerbstätigkeit aufnehmen;
b) Saisonniers;
c) Kurzaufenthalter.

Art. 13 Ausnahmen

Von den Höchstzahlen ausgenommen sind:

...

c) Ausländer, die sich innerhalb von zwölf Monaten insgesamt längstens acht Monate in der Schweiz aufhalten und tätig sind als:

1. Künstler auf den Gebieten der Musik oder Literatur, der darstellenden oder bildenden Kunst,
2. Zirkus- und Varietéartisten,
3. Kabarettänzer, die eine künstlerisch-musikalische Darbietung vortragen;

...

Bundesgesetz über Erwerb und Verlust des Schweizer Bürgerrechts (Bürgerrechtsgestz)

Art. 3

Die ausländische Frau erwirbt durch Eheschließung mit einem Schweizer Bürger das Schweizer Bürgerrecht.
Wird die Ehe für ungültig erklärt, so behält die Frau, die sich bei der Trauung in gutem Glauben befunden hat, das Schweizer Bürgerrecht.
Kinder aus der ungültig erklärten Ehe bleiben Schweizer Bürger, ohne Rücksicht auf den guten oder bösen Glauben ihrer Eltern.
Diese Vorschrift wird nächstens revidiert. Vorschlag des Eidgenössischen Justiz- und Polizeidepartementes: Der ausländische Ehegatte eines Schweizers oder einer Schweizerin soll nach einem Aufenthalt in der Schweiz von wenigstens fünf und einer Ehedauer von wenigstens drei Jahren erleichtert eingebürgert werden können.

Schweizerisches Zivilgesetzbuch (ZGB)

Schutz der Persönlichkeit

Art. 27 vor übermäßiger Bindung

Auf die Rechts- und Handlungsfähigkeit kann niemand ganz oder zum Teil verzichten. Niemand kann sich seiner Freiheit entäußern oder sich in ihrem Gebrauch in einem das Recht oder die Sittlichkeit verletztenden Grade beschränken.

Art. 28 gegen Verletzungen

Wer in seinen persönlichen Verhältnissen unbefugterweise verletzt wird, kann auf Beseitigung der Störung klagen. Eine Klage auf Schadenersatz oder auf Leistung einer Geldsumme als Genugtuung ist nur in den vom Gesetz vorgesehenen Fällen zulässig.
(vgl. Art. 49 OR).

Art. 120 Ehenichtigkeitserklärung

Eine Ehe ist nichtig:

. . .

4. wenn die Ehefrau nicht eine Lebensgemeinschaft begründen, sondern die Vorschriften über die Einbürgerung umgehen will.

Art. 121

Die Klage auf Nichtigerklärung ist von der zuständigen Behörde des Kantons von Amtes wegen zu erheben.
Überdies kann sie von jedermann, der ein Interesse hat, namentlich auch von der Heimat- oder Wohnsitzgemeinde erhoben werden.

Schweizerisches Obligationsrecht (OR)

Art. 20 Nichtigkeit des Vertrages

Ein Vertrag, der einen unmöglichen oder widerrechtlichen Inhalt hat oder gegen die guten Sitten verstößt, ist nichtig.
Betrifft aber der Mangel bloß einzelne Teile des Vertrages, so sind nur diese nichtig, sobald nicht anzunehmen ist, daß er ohne den nichtigen Teil überhaupt nicht geschlossen worden wäre.
(Vgl. Art. 66 OR)

Art. 21 Übervorteilung

Wird ein offenbares Mißverhältnis zwischen der Leistung und der

Gegenleistung durch einen Vertrag begründet, dessen Abschluß von dem einen Teil durch Ausbeutung der Notlage, der Unerfahrenheit oder des Leichtsinns des andern herbeigeführt worden ist, so kann der Verletzte innerhalb Jahresfrist erklären, daß er den Vertrag nicht halte, und das schon Geleistete zurückverlangen.
Die Jahresfrist beginnt mit dem Abschluß des Vertrages.

Art. 28 Absichtliche Täuschung

Ist ein Vertragschließender durch absichtliche Täuschung seitens des andern zu dem Vertragsabschluß verleitet worden, so ist der Vertrag für ihn auch dann nicht verbindlich, wenn der erregte Irrtum kein wesentlicher war.
Die von einem Dritten verübte absichtliche Täuschung hindert die Verbindlichkeit für den Getäuschten nur, wenn der andere zur Zeit des Vertragsabschlusses dieTäuschung gekannt hat oder hätte kennen sollen.

Art. 39 Verletzung der Persönlichkeit

Wer in seinen persönlichen Verhältnissen verletzt wird, hat bei Verschulden Anspruch auf Ersatz des Schadens und, wo die besondere Schwere der Verletzung und des Verschuldens es rechtfertigt, Anspruch auf Leistung einer Geldsumme als Genugtuung.
(Vgl. Art. 28 ZGB)

Art. 66

Was in der Absicht, einen rechtswidrigen oder unsittlichen Erfolg herbeizuführen, gegeben worden ist, kann nicht zurückgefordert werden.
(Vgl. Art. 20 OR)

Art. 416 Heiratsvermittlung

Aus der Heiratsvermittlung entsteht kein klagbarer Anspruch auf Mäklerlohn.

Schweizerisches Strafgesetzbuch (StGB)

Art. 122 Schwere Körperverletzung

1. . . .
   Wer vorsätzlich eine andere schwere Schädigung des Körpers oder der körperlichen oder geistigen Gesundheit eines Menschen verursacht, wird mit Zuchthaus bis zu zehn Jahren oder mit Gefängnis von sechs Monaten bis zu fünf Jahren bestraft.

. . .

Art. 123 Einfache Körperverletzung

1. Wer vorsätzlich einen Menschen in anderer Weise an Körper oder Gesundheit schädigt, wird, auf Antrag, mit Gefängnis bestraft. In leichten Fällen kann der Richter die Strafe nach freiem Ermessen mildern.

. . .

Art. 148 Betrug

Wer in der Absicht, sich oder einen anderen rechtmäßig zu bereichern, jemanden durch Vorspielung oder Unterdrückung von Tatsachen arglistig irreführt oder den Irrtum eines anderen arglistig benutzt und so den Irrenden zu einem Verhalten bestimmt, wodurch dieser sich selbst oder einen anderen am Vermögen schädigt, wird mit Zuchthaus bis zu fünf Jahren oder mit Gefängnis bestraft. Der Betrüger wird mit Zuchthaus bis zu zehn Jahren und mit Buße bestraft, wenn er den Betrug gewerbsmäßig betreibt.

. . .

Art.157 Wucher

1. Wer die Notlage, die Abhängigkeit, die Geistesschwäche, die Unerfahrenheit, die Charakterschwäche oder den Leichtsinn einer Person ausbeutet, um sich oder einem andern für eine Vermögensleistung Vermögensvorteile gewähren oder versprechen zu lassen, die mit der Leistung in einem offenbaren Mißverhältnis stehen,

. . .

wird mit Zuchthaus bis zu fünf Jahren oder mit Gefängnis bestraft. Mit der Freiheitsstrafe kann Buße verbunden werden.

2. Der Wucherer wird mit Zuchthaus bis zu zehn Jahren und mit Buße bestraft:

. . .

wenn er den Wucher gewerbsmäßig betreibt.

Art. 181 Nötigung

Wer jemanden durch Gewalt oder Androhung ernstlicher Nachteile oder andere Beschränkung seiner Handlungsfreiheit nötigt, etwas zu tun, zu unterlassen oder zu dulden, wird mit Gefängnis oder mit Buße bestraft.

Art. 183 Freiheitsberaubung und Entführung

1. Wer jemanden unrechtmäßig festnimmt oder gefangenhält oder jemandem in anderer Weise unrechtmäßig die Freiheit entzieht, wer jemanden durch Gewalt, List oder Drohung entführt, wird mit Zuchthaus bis zu fünf Jahren oder mit Gefängnis bestraft.
2. ebenso wird bestraft wer jemanden entführt, der urteilsunfähig, widerstandsunfähig oder noch nicht 16 Jahre alt ist.

Art. 198 Kuppelei

Wer aus Gewinnsucht der Unzucht Vorschub leistet, wird mit Gefängnis bestraft.
Ist die verkuppelte Person unmündig, so ist die Strafe Zuchthaus bis zu fünf Jahren oder Gefängnis nicht unter drei Monaten.
In jedem Falle ist auch auf Buße zu erkennen.

Art. 199 Gewerbsmäßige Kuppelei

Betreibt der Täter die Kuppelei gewerbsmäßig, hält er namentlich ein Bordell, so wird er mit Zuchthaus bis zu fünf Jahren oder mit Gefängnis nicht unter sechs Monaten bestraft.
Hat der Täter eine unmündige Person verkuppelt, so ist die Strafe Zuchthaus bis zu zehn Jahren.
In jedem Falle ist auch auf Buße und, wenn der Täter Ausländer ist, auch auf Landesverweisung zu erkennen.

Art. 201 Zuhälterei

Wer sich von einer Person, die gewerbsmäßig Unzucht treibt, unter Ausbeutung ihres unsittlichen Erwerbes ganz oder teilweise unterhalten läßt,
wer einer solchen Person aus Eigennutz bei der Ausübung ihres Gewerbes Schutz gewährt,
wird mit Zuchthaus bis zu fünf Jahren oder mit Gefängnis nicht unter sechs Monaten bestraft.

Art. 202 Frauen- und Kinderhandel

1. Wer, um der Unzucht eines anderen Vorschub zu leisten, mit Frauen oder Minderjährigen Handel treibt, insbesondere indem er sie anwirbt, verschleppt oder entführt, wird mit Zuchthaus bestraft.
2. Die Strafe ist Zuchthaus nicht unter drei Jahren:
   wenn die Person das 18. Lebensjahr noch nicht zurückgelegt hat,
   wenn sie die Ehefrau, das Kind, Großkind, Adoptivkind oder Stiefkind des Täters ist, oder wenn sie ihm zur Pflege, Obhut oder Aufsicht anvertraut ist,
   wenn der Täter List, Gewalt, Drohung oder Zwang angewendet hat,
   wenn er die Notlage der Person oder ihre durch ein Dienstverhältnis begründete Abhängigkeit mißbraucht hat,
   wenn die Person in das Ausland gebracht worden ist,
   wenn sie einem gewerbsmäßigen Kuppler überliefert werden soll,
   wenn der Täter den Frauen- oder Kinderhandel gewerbsmäßig betreibt.
3. Wer Anstalten zum Frauen- oder Kinderhandel trifft, wird mit Zuchthaus oder mit Gefängnis bestraft.
4. In jedem Falle ist auch auf Buße und, wenn der Täter Ausländer ist, auch auf Landesverweisung zu erkennen.
5. Der Täter ist auch strafbar, wenn er die Tat im Auslande begangen hat, in der Schweiz betreten und nicht ausgeliefert wird, und wenn die Tat auch am Begehungsorte strafbar ist.

Art. 231 Verbreiten menschlicher Krankheiten

1. Wer vorsätzlich eine gefährliche, übertragbare, menschliche Krankheit verbreitet, wird mit Gefängnis von einem Monat bis zu fünf Jahren bestraft.
   Hat der Täter aus gemeiner Gesinnung gehandelt, so ist die Strafe Zuchthaus bis zu fünf Jahren.
2. Handelt der Täter fahrlässig, so ist die Strafe Gefängnis oder Buße.

Gastgewerbegesetz (Kanton Zürich)

§ 46 Animierverbot

Den Gästen und den in der Gastwirtschaft tätigen Personen dürfen keine alkoholhaltigen Getränke aufgedrängt werden.

Literaturhinweise

Deutschsprachige Publikationen zum Thema Frauenhandel:

Kathleen Barry: Sexuelle Versklavung von Frauen. Sub rosa Frauenverlag, 1983

Cheryl Benard/Edith Schlaffer: Die Grenzen des Geschlechts. Rowohlt Taschenbuch, Reinbek 1987

Ron O'Grady: Zwischenlandung Dritte Welt. Ein Beitrag zur Tourismuskritik. Verlag Otto Lembeck, Frankfurt 1982.

Susanne Lipka: Das käufliche Glück in Südostasien. Heiratshandel und Sextourismus. Verlag Westfälisches Dampfboot, 1985

Heinz G. Schmidt: Der neue Sklavenmarkt. Geschäfte mit Frauen aus Übersee. Lenos Verlag, Basel 1985

Thailand Correspondenz 10 (TISK): Frauen in Thailand. Ihre Geschichte, ihre Gegenwart. Hamburg und Berlin

Verband der Initiativgruppen in der Ausländerarbeit (VIA): Frau als Ware. Frauenhandel, Zwangsehe, Scheinehe. Hamburg (Nernstweg 32, 2000 Hamburg 50)

Alison Wynne: Keine Zeit für Tränen. Philippinische Frauen erzählen. Albatros Verlag, 1980

Zentrum für Entwicklungsbezogene Bildung: Tourismus, Prostitution, Entwicklung – Dokumente. Stuttgart 1983

Englische, französische und spanische Literatur:

Kathleen Barry/Charlotte Bunch/Shirley Castley: International Feminism: Network against Female Sexual Slavery. Report of the Global Feminist Workshop to orgaize against Traffic in Women, Rotterdam, April 4 – 15. 1983. (Enthält umfangreiche Bibliographie zum Thema Frauenhandel)

Cristina Cavalcanti/Carmen Imbert/Margarita Cordero: Prostitucion – Exclavitud Sexual Femenina. CIPAF, Santo Domingo 1985

Fédération Abolitionniste Internationale: Prostitution: Survivance de l'Esclavage. Rapport du 28ème Congrés International, Vienne 1984. (Auch in Englisch erhältlich.)

Goli Kouassi: La Prostitution en Afrique. Un cas: Abidjan. Les Nouvelles Editions Africaines, Abidjan 1986
Walter Meyer: Beyond the mask. Toward a transdisciplinary approach of selected social problems relates to the evolution and context of international tourism in Thailand. Dissertation. Thesis submitted to the University of Geneva. Manuskript 1987
Pasuk Phongpaichit: Rural women of Thailand: from peasant girls to Bangkok masseuses. ILO-World Employment Programme Research, Working Papers No. 14. Geneva 1980
Siriporn Skrobanek: The transnational Sexploitation of Thai Women. Thesis submitted to the Institute of Social Studies, Den Haag. Manuskript 1983
Paulette Songué: Prostitution en Afrique. L'Exemple de Yaoundé. L'Harmattan, Paris 1986
Khin Titsa: Providence and Prostitution. Image and Reality for Women in Buddhist Thailand. Change, London 1980

Adressen internationaler Solidaritätsprojekte

Bundesrepublik Deutschland:

agrisa
Arbeitsgemeinschaft gegen internationale sexuelle und rassistische Ausbeutung
Mainzer Landstr. 147
D-6000 Frankfurt 1

Evangelische Frauenhilfe in Deutschland
Alte Landstr. 121
D-4000 Düsseldorf

Frauen-Informationszentrum
FIZ Stuttgart
Landhausstr. 62
D-7000 Stuttgart

Frankreich:

Fédération Abolitionniste Internationale
FAI

47, rue de Rivoli
F-75001 Paris

Mouvement du Nid
7, rue du Landy
F-921 10 Clichy

Niederlande:

Lin Lap
Centre for Coordination and Action
Against Traffic in Women
SKAV
Postbus 9769
3506 GT Utrecht

Schweiz:

Centre International de Documentation
sur la Prostitution
Mme Grisélidis Réal
24, rue de Neuchâtel
1201 Geneve

FIZ
Dritte-Welt-Frauen-Informationszentrum
Quellenstr. 25
CH-8005 Zürich

USA:

Kathleen Barry
404 Butnam
Cambridge MA 02139

Charlotte Bunch
392 Third str. No 6
Brooklyn NY 11215

International Feminist Network
Against Traffic in Women
c/o International Women's Tribune Center

305 East 46th Street
New York, N.Y. 10017

Lateinamerika:

CIPAF
Centro de Investigación para la Acción Femenina
Apartado postal 1744
Santo Domingo
Republica Dominica

Movimiento el Pozo
Apartado 2211
Lima
Peru

Asien:

GABRIELA
Room 221
P. C., J. B. Greenhills Commercial Center
San Juan
Metro Manila
Philippines

STOP
Stop Traffic in Women
Good Shepherd Compound
1043 Aurora Blvd.
Quezon City
Philippines

TW MAE-W
Third World Movement against the Exploitation of Women
P. O. Box 1434
Manila 2800
Philippines

EMPOWER
12/15 Convent Road
Silom, Bangkok 10500
Thailand

Northerners' Relations Group
Prapoth Srites
49 Phra Arthit Road
Phranakorn
Bangkok 10200
Thailand

Women's Information Centre
Siriporn Skrobanek
P. O. Box 7-47
Bangkok 10700
Thailand

Asian Women's Association
211 Shibuya Co-op
14-14 Sakuragaoka
Shibuya-ku 160
Tokyo
Japan

Kurzbiographien der Autor(inn)en

Dr. Lea Ackermann gehört zur Gemeinschaft der »Missionsschwestern Unserer Lieben Frau von Afrika« (auch Weiße Schwestern genannt). Während ihrer Tätigkeit bei Missio (München) reiste sie mehrere Male auf die Philippinen, nach Taiwan und Thailand. Dort wurde sie mit dem Problem des Sextourismus konfrontiert. Als sie 1985 nach Mombasa/Kenya zum Arbeitseinsatz versetzt wurde, startete sie die Initiative SOLWODI (Solidarity with women in distress) für Frauen, die Opfer des Sextourismus geworden waren. Die Initiative wird von Misereor, dem Weltgebetstag der Frauen und einem Freundeskreis finanziert und gibt den Prostituierten die Möglichkeit einer Ausbildung oder alternativen Arbeit.

Jo Gabriel-Luzon, geb. 1955 in Agusan, Mindanao (Philippinen), ist von Beruf Lehrerin und lebt seit fünf Jahren in der Schweiz. Sie ist Mitglied des ökumenischen Teams von »Brennpunkt Welt«, arbeitet in der Erwachsenenbildung zu Problemen der Dritten Welt und seit 1985 im »Dritte-Welt-Informationszentrum« (FIZ) in Zürich.

Georg Friedrich Pfäfflin, geb. 1940 in Lima, Peru, ist evangelischer Theologe und seit 1975 Leiter des »Zentrums für Entwicklungsbezogene Bildung« (ZEB) in Stuttgart (Schwerpunkte: Tourismus und Entwicklung, entwicklungspolitische Medien, entwicklungsbezogene Bildung).

Dr. Regula Renschler, geb. 1935 in Zürich. Studium der Romanistik und modernen Geschichte an der Universität Zürich. Dissertation über die Geschichte der Arbeiterpresse in der Schweiz. 10 Jahre Tätigkeit als Auslandsredakteurin für verschiedene Tageszeitungen, u. a. »Tages-Anzeiger«. Ein Jahr Ausbildung von afrikanischen Journalisten im Auftrag von »Federation Internationale des Journalistes«. 10 Jahre Mitglied des Teams der »Erklärung von Bern« (Arbeitsschwerpunkte: Rassismus, Kulturvermittlung, Drittwelt-Tourismus). Zahlreiche Publikationen zur Entwicklungsproblematik und insbesondere zum Verhältnis Schweiz – Dritte Welt. Seit 1985 Redakteurin beim Radio DRS in Basel.

Annemarie Schmitz, geb. 1946 in Fehraltdorf bei Zürich, Nachdiplomstudium über Probleme der Entwicklungsländer an der ETH in Zürich, 6 Monate Studienaufenthalt in Guatemala, 2 Jahre Journalistin bei der »Weltwoche«, 1 Jahr beim Schweizer Fernsehen. Von 1978 bis 1983 Aufenthalt in der Dominikanischen Republik. Seit 1985 Mitarbeiterin des »Frauen-Informationszentrums« (FIZ) in Zürich.

Claudius Ceccon, geb. 1937 in Garibaldi, Brasilien, Architekturstudium, Karikaturist führender brasilianischer Tageszeitungen, Mitbegründer der brasilianischen satirischen Wochenschrift »O Pasquim«, Mitarbeiter des »Instituts d'Action Culturelle« (IDAC) in Genf, Produktion von visuellen pädagogischen Hilfsmitteln u. a. für den Weltkirchenrat. Ceccon kehrte 1978 aus dem Exil nach Brasilien zurück und ist heute Leiter des »Centro de Criacao de Imagem Popular« (CECIP) in Rio de Janeiro.

Christoph Gloor, geb. 1936 in Basel. Ausbildung zum Schaufensterdekorateur, seit 1972 freischaffender Karikaturist, Mitarbeit an verschiedenen Zeitungen und Zeitschriften, Ausstellungen im In- und Ausland.